U0931533

爱的陪伴

陪伴式社区养老模式，打造家门口的家

仲伟红◎著

中华工商联合出版社

图书在版编目(CIP)数据

爱的陪伴：陪伴式社区养老模式，打造家门口的家 / 仲伟红著. -- 北京：中华工商联合出版社，2021.8

ISBN 978-7-5158-3074-2

Ⅰ.①爱… Ⅱ.①仲… Ⅲ.①养老-社区服务-研究-中国 Ⅳ.①D669.6

中国版本图书馆CIP数据核字（2021）第158083号

爱的陪伴：陪伴式社区养老模式，打造家门口的家

作　　者：仲伟红
出 品 人：李　梁
责任编辑：胡小英　马维佳
装帧设计：国风设计
责任审读：李　征
责任印制：迈致红
出版发行：中华工商联合出版社有限责任公司
印　　刷：文畅阁印刷有限公司
版　　次：2021年8月第1版
印　　次：2021年8月第1次印刷
开　　本：710mm×1020mm　1/16
字　　数：170千字
印　　张：15
书　　号：ISBN 978-7-5158-3074-2
定　　价：68.00元

服务热线：010－58301130－0（前台）
销售热线：010－58302977（网店部）
010－58302166（门店部）
010－58302837（馆配部、新媒体部）
010－58302813（团购部）
地址邮编：北京市西城区西环广场A座
19－20层，100044
http://www.chgslcbs.cn
投稿热线：010－58302907（总编室）
投稿邮箱：1621239583@qq.com

一名钢企下岗女工的传奇人生

一部让人热血沸腾的企业成长史

一本高光尽欢与低谷颓靡并存的创业者独白

16年创业历程中从未对外公开的故事

独特服务模式不断缔造的商业奇迹

看似复杂难解的新型服务模式

一切源于孝，生于爱

谁都希望有个心灵契合的陪伴之人

你的父母也一样

自序

陪伴是最长情的告白

百善孝为先，“孝”一向是中国人最注重的品德之一。

翻阅历史，无论是春秋时期的“芦衣顺母”，还是三国时期“陆绩怀橘遗亲”，抑或是晋朝时的“王祥卧冰求鲤”……关于孝道的故事一直源远流长。对中国人而言，赡养老人已是传承已久的美德，而老年父母的内心也更倾向于待在自己熟悉的环境里，有子女陪伴安度晚年。

回到现代社会，随着人均寿命和生活水平的不断提高，我国人口老龄化日趋严重。加之现代人晚婚晚育已成普遍现象，家庭子女数量不断减少。过去五六个儿女赡养父母的景象不复存在，相反，老人与子女相隔异地的现象反而成了许多家庭的常态。

国内社交平台探探曾在2019年发布了《都市异乡青年调查报告》，该报告对来自北京、上海、广州、深圳、南京、杭州、重庆、成都、西安、武汉10座城市18～35岁的“异乡青年”进行了抽样调查，结果显示有近六成年轻人一年里陪伴父母的时间少于10天。

单看数字，可能很多人想象不到10天是什么概念。我曾在网上看到过一个很火的图表，或许能让我们更直观地理解“能陪伴父母的时间”这一问题。

简单来说，如果一个人的一生不过百年。拿出一张A4纸，画一个30×30的表格。每过去一个月，我们就把一个格子给涂掉，那么，全部的人生就在这张纸上。

假如你的父母已经50岁了，他们剩余的人生格子如图1所示：

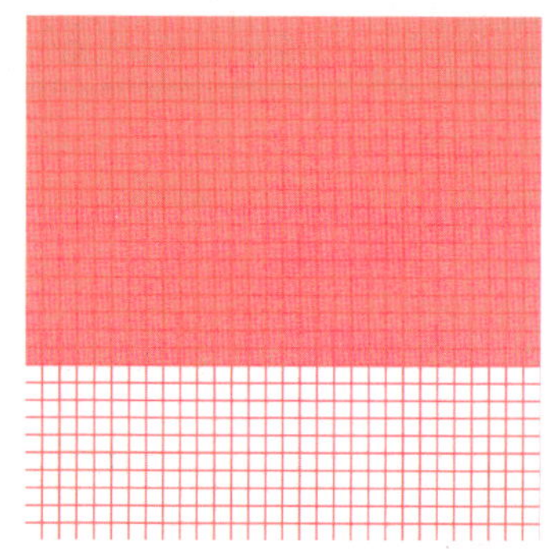

图1　假设父母50岁人生剩余的格子

第一种情况，假如你们能够天天见面，那么，你能陪伴父母的时间如图2所示：

图2　假设天天见面能陪伴父母的时间格子

第二种情况，假如你们一个月见两次面，你能陪伴父母的时间，如图3所示：

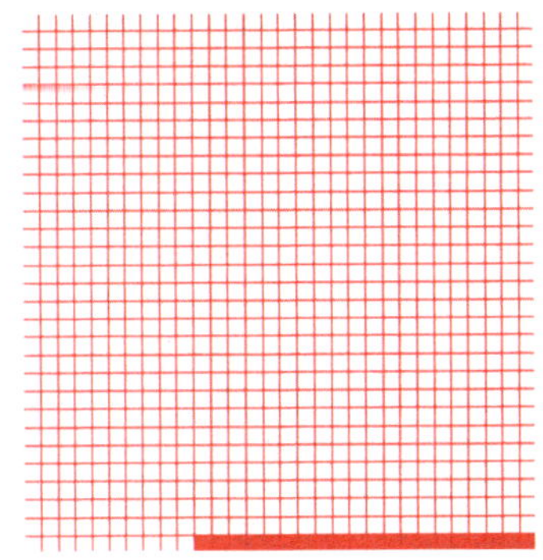

图3　假设每个月见两次面能陪伴父母的时间格子

第三种情况，假如你们一年见一次面，你能陪伴父母的时间，如图4所示：

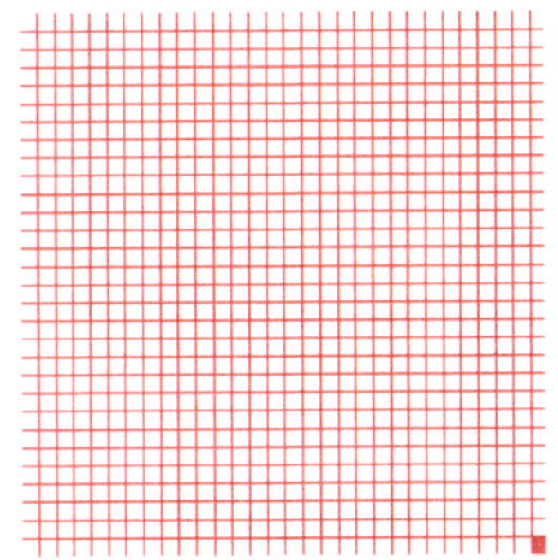

图4　假设一年见一次面能陪伴父母的时间格子

不妨根据你自己的真实情况算一算，往后余生，你陪伴父母的时间还有多少。

美国作家菲利普·罗思（Philip Roth）在《每个人》里写了这样一句话："老年不是一场战斗，而是一场屠杀。"虽然此观点过于消极，但现实中一幕幕场景确实令人揪心。

上海深夜的地铁末班车，每天载着形形色色的年轻人。他们来自天南海北，将梦想和青春作为入场券，夜以继日地打拼。他们可能不知道，家中刚吃完晚饭去公园散步的父母出现了胃部不适、胸闷气短的症状，更有甚者难忍胸口一阵痛感，失去意识晕了过去。若不是路上好心的行人经过及时送医，后果不堪设想……

还有一些年轻人知道要孝敬老人，但却矫枉过正，把父母当成是没有自理能力、什么事都需要子女包办的“废物”，认为只要出钱满足老人在物质生活上的需要，吃好喝好，无病无灾，就是最大的孝顺。殊不知，这种“废物式”的养老方式，对老年人的心理和道德都是一种绑架……

很多老年人说：“我以后老了不用儿女养，我就去养老院。”可仔细想想，**老人住进了养老院就会真正幸福吗?**

很多老人知道，自己到了养老院不一定幸福。他们只是不想给儿女找麻烦而已。我们年轻人应当想一想，老年人到底需要的是什么?

当前社会老龄化程度不断加深，独居、高龄的居家安全问题日益突出，越来越多的子女在老人遇到紧急情况时不能及时赶到；一些子女也不懂得倾听、尊重老人真实想法，做不到真正有效地陪伴……对于可以预见的种种老年生活的问题，很多时候，他们需要有人“搭把手”，更需要有人在身边陪伴。没错，**老年人真正需要的是儿女般爱的陪伴!**

其实，陪伴与照顾老年人与我们每个人息息相关。不只是难相处的父母，就算面对好相处的父母，在生活中也难免遇到沟通上的问题与矛盾。作为子女，陪伴与理解父母，是解决一切养老难题的出发点。如果子女做不到陪伴，可以找专业的机构或社区帮忙，这样才能让父母安享晚年。近几年，一些企业针对这些需求推出了“陪伴服务”，但却叫好不叫座。理论上，我国几亿人的老年市场蕴藏着巨大的需求与商机。针对老年人的服务应该颇受欢迎，怎么会鲜有人埋单呢?

问题的关键在于，很多企业并没有对老年群体做调研，也没有对服务做细分，更没有适销对路的盈利模式，最重要的是没有令老年朋友满意的极致服务体验。

老年人的消费观念与年轻人不同，他们消费通常很谨慎，更愿意为自己认为值得的产品或服务埋单。为此，企业要想取得老年消费群体的信任，关键环节还是在于服务。例如，陪伴服务不能只有陪伴或只有服务的形式，而是要让被陪伴的对象获得好的体验。

在社会各界的重视下，近几年，我国出台了一系列倾斜政策推动大健康行业的发展，这些政策如同一盏盏亮起的路灯，照亮了前方的路。

其实，我国老年服务的概念并不是从天而降的。早在2017年10月18日，习近平总书记就曾在十九大报告中指出，要健全老年人关爱服务体系。老年服务与管理的基本概念是懂得老年服务与管理技能，掌握健康护理、健康促进、机构经营与管理等方面的基本知识与操作技能。

很多人将老人形容为“最美夕阳红”，但对于像我们这些陪伴老人的从业者而言，我们所从事的大健康行业，正值朝阳。就当今社会而言，中国老年服务企业和人才的队伍建设仍在路上，从业者对居家养老模式的探索还有一段路要走。

的确，在起步阶段，老年陪伴服务的市场门槛较低，从业者的素质良莠不齐。其实，看似简单的服务，老年人对陪伴者的要求不低。例如，陪伴老人就医的人员不仅要有最基本的医疗急救常识，而且要对医院看病的流程、科室布局轻车熟路，以提高陪伴服务的“含金量”。

因此，面对滚滚而来的“银发浪潮”，首先，相关部门应对老年服务市场给予更多关注，出台更多政策，把好监管关；其次，企业要进一步细化服务的标准，想方设法提高老年人服务体验；最后，子女也应该为老人的服务有钱出钱、有力出力，提高父母的晚年生活质量。唯有各方共同努力，呵护大健康行业的成长，老年服务市场才能迎来健康有序的良性发展。而从大健康行业的长远发展来看，回归市场的真实需求与商业盈利始终是企业不可回避的。只有这样，中国养老事业才能真正可持续、可发展。

陪伴是一种情，陪伴是一种爱，更是每个人生命中不可缺少的部分。而未来“养老服务”的边界究竟在哪里，这件事令我期待。也正因这样一份期待和对服务老年人、服务健康中国的初心，我于2005年9月20日成立了华亚众盟（前身是华亚仲欣），开启了对陪伴式服务模式的探索之路。

在创业以前，我有一个特殊的身份——一名钢企的小集体工人，当时的小集体不景气，于是整个小集体就解散了。就这样，我下岗了。意外的下岗，让我突然间迷失了方向。我虽不曾有过高远的人生理想，但每天被烦琐的生活小事束缚，也不是我向往的人生。平凡的生活虽然恬静，但也少了一份奋斗的激情。

下岗之后，我在家里相夫教子，可是时间一长，我不想一直这样下去。我尝试了各种方式去改变当时的状况，我卖过衣服，卖过菜，卖过方便面，也摆过早市，接触过不同的行业，可是这些都不大合适自己。没有了工作，想做点什么，也总是一事无成，这让我感到无望，难道自己的人生就该如此吗？骨子里的倔强让我不甘心自己的人生被这样一眼看穿，可屡次失败，也让自己感到很是无助。

任正非在一次采访中说：“人最大的运气，不是捡钱，也不是中奖，而是有一天遇到某一个人，打破你原有的思维，提高你的境界，可以带你走向更高的平台。”

一次偶然的机会，我遇到了生命中的贵人侯总，我至今都很感谢侯总一点点把我引上了健康产业之路。从业后，我慢慢发现中国的老龄化现象日趋严重，相应的产业和服务必然是未来中国企业发展的重点。

就是这样的契机，创业的想法在我的心里萌生。可是我没有想到，这个想法刚刚确定，第一个出来反对我的竟然是我最亲最爱的人。当我回到家中跟丈夫说想要开一家公司的时候，丈夫说："开一家公司，需要人力和财力，咱们没有多少积蓄，家里还有两个孩子，把精力都放在两个孩子身上就行了。"所以全家人都不大支持我创业，家人都说："你是两个孩子的妈了，你要创业成功了，那所有人都成功了"，家里的极力反对让我有些失落。好不容易找到了人生的方向，难道就要这么放弃吗？可自己待业没有工作，家里两个孩子正是花钱的时候，哪还有钱呀？

我承认，我的个性非常倔强，我不甘心一次次地放弃，现在回过头想，也许正是这样的性格，最终使华亚仲欣孕育而生。从最初的2名员工到现在的1000多家店，2000多名员工，事业版图横跨18个省、2个直辖市、2个自治区。孕育过程之艰辛只有经历过的人才能体会其中的滋味，我常跟身边的人说："创业第一年，我读了我三十年没读过的书，写了我三十年没写过的字。"

仔细想来，我似乎始终走着一条不太合群的创业之路。倔强地选择"你应该这样"五个字指的反方向：无论是下岗后三十五岁才开始创业，还是文化程度不高却参加北大EMBA研修班、山东大学管理学院博士班、去正和岛开阔自己的视野……这一路我总是无惧年龄，未来我还会向着更远的地方去。比起走在一条平坦的路上，我还是更喜欢随时转向陌生的丛林深处，这条路或许会坎坷孤独，但总会有一簇温柔的星光照亮我无所畏惧的璀璨人生！

图5　北大EMBA研修班毕业照

时间太瘦，指缝太宽！和华亚众盟走到这里，我很庆幸，我还有时间继续做一家有情怀、有责任感的企业，做最好的自己！

“你陪我长大，我陪你变老”，其实不管是亲情、友情还是爱情，陪伴都是最长情的爱，健康让我们的陪伴更长久，陪伴也让老年人的身心更健康。很庆幸，一路走到创业的第16个年头，我对大健康行业的满腔热爱有增无减，我会带着初心与热爱砥砺前行，只愿倾尽一生为更多中国老年朋友带去长情的健康陪伴。

当然，创业路上谁不苦，谁不难。我不想再用过多的篇幅去写创业者的苦难，唯愿通过这本书讲透一件事，那就是华亚众盟的陪伴式服务模式和孝爱文化。并通过这本书所透出的爱和理性的光亮，能温暖更多的父母和孩子。

企业文化凝聚人心，品牌价值推动发展，无论再过多少年，华亚众盟将始终以孝为本，以爱为先，以传承百年晋商诚信理念为目标，努力实现“产业报国”，做一个“值得信赖并受人尊敬”的百年企业，谱写晋商新历史，成就晋商新辉煌！

千帆竞渡，百舸争流。多年拼搏，励精图治，华亚众盟从创业之初发展到今天，华亚人始终坚持不懈，执着坚守，才铸就了今日的辉煌。从小团队成长为大企业，点点滴滴，每一次的发展都凝聚着华亚人的务实与智慧。2021年是充满挑战又蕴藏机遇的一年，华亚人将遵循“真爱服务，客户欢喜”的原则，不忘初心，砥砺前行；以脚踏实地的作风、百折不挠的精神、坚韧不拔的毅力，团结奋进、革旧创新、扎实工作，树品牌形象，创优质服务，聚华亚力量，促联合发展；不断开创华亚的新境界，创造更加灿烂、更加辉煌的明天。我们要用实际行动传承孝爱文化，发扬晋商精神，做到让每一位中老年朋友都能够老有所依，老有所得，老有所养。新的征程已开启，征途漫漫，唯有奋斗。翱翔吧，华亚梦！前行吧，华亚人！

Contents
目录
爱的陪伴

第一章

“中国式老人”现状：比疾病更痛苦的是无人陪伴

近两年，类似“81岁老人死亡两周无人知晓”“独居老人家中摔倒4天靠敲盆获救”“88岁上海独居老人将300万房产送给水果摊摊主”的新闻常常引起人们的热议。

人到晚年，生病和没钱同样可怕，但比这两样更痛苦的是无人陪伴。

《朗读者》中有这样一句话：“陪伴很温暖，它意味着在这个世界上有人愿意把最美好的东西给你，那就是时间。”

很多人以为，有钱就能买来一切。殊不知，对老人而言，他们最需要的，不是高大上的光环，也不是极尽奢华的生活，只是有温度的爱的陪伴。

1.1 有一种爱叫“父母老后难相处”

小时候总觉得父母如超人般无所不能，守护着我们成长，长大后才恍然大悟，父母也是凡人；小时候我们视父母为守护神，长大后我们渐渐有了自己的生活，父母一次次目送我们离开并逐渐淡出我们的圈子。每代人都有各自的生活习惯，长大后的我们和已经年迈的父母相处，难免会产生很多摩擦，如果双方都敏感且固执，融洽相处就会难上加难。

2021年元旦假期过后，我的一位友人阿南向我诉说了回老家看望妈妈的苦恼。阿南说他本不愿意回家，因为不想面对妈妈的唠叨、抱怨和指责，即便最开始还算和气，最终也会不欢而散。

结果回去后，不出所料地吵得不可开交。妈妈总是念叨膝盖疼，阿南让她去医院做手术治疗。妈妈不是说“谁谁谁做了手术不仅没好还瘫了”，就是说“去医院，家里怎么办，连个做饭的人都没有”，又或者说“疫情期间不让陪护，我一个人怎么办？”……

家里的气氛紧张，负能量满格，阿南实在憋闷便大声抱怨：“膝盖疼已经很久了，让你做手术又不去却天天喊疼，不去正规医院就算了，还相信偏方，花冤枉钱不说也不见好，怎么说就是不听。医生对这类手术还是有把握的，但是任何手术都有风险，也不能自己吓自己，比你年岁大的人都已经康复了。”阿南的声音越来越大，愈发控制不住自己的情绪。

阿南看到妈妈哑口无言、委屈万分的样子也十分难受。可是究竟该怎么和妈妈沟通呢？其实妈妈以前也不是这样，自从生病后，才开始变得敏感脆弱，一意孤行。

试回想，我们是否经常感觉父母老后越来越难以相处了？他们总是前事未平后事又起，行动缓慢，记忆力减退，子女怎么做都不满意。父母越来越累，子女也压力很大。

当你开始发现自己和父母难相处的时候，不妨先观察他们身上是否有以下行为：

◎ 满腹怨气，喜欢要求别人按照自己的喜好做事；

◎ 即使自己需要帮助也绝不妥协，不肯让人帮忙；

◎ 十分挑剔，他人怎么做都不满意；

◎ 总是疑神疑鬼，有病不医治……

这些行为都说明我们和父母的相处已经陷入了困境。

但如果此时父母身上已有上述表现，你也无须过于困惑和内疚，重要的是找到父母身上的问题，不要只想着和年迈的父母长篇大论，而是要在理解父母的基础上帮忙解决问题。如何打破这种难相处的局面呢？

以爱之名，打破与年迈父母的关系僵局

尊老是中国人的传统美德，赡养父母不仅是子女的责任，更是一

种情感的连接，人类始终以这样的方式传承。有调查报告显示，长寿的家庭一般都是三代或四世同堂，都是家族繁盛兴旺、老人子女和乐的家庭。可赡养父母不只是满足了物质需求而不顾父母的感受，更不是每次回到家和父母大吵一架，沟通越来越难。

在我国，曾子继承与发展了孔子“孝”的学说，他的言论记录在《大戴礼记·曾子大孝》这篇文章中。曾子对自己的学生们说：“孝有三，大孝尊亲，其次弗辱，其下能养。”

翻译过来就是说孝顺可以分为三个层次：

第一层，让父母感受到被尊重；
第二层，不能辱没父母；
第三层，赡养父母。

那么，如何让父母感受到被尊重呢？曾子又说：“君子之所谓孝者，国人皆称愿焉，曰：‘幸哉！有子如此！’所谓孝也。……父母既殁，慎行其身，不遗父母恶名，可谓能终也。”这段话的意思是，真正的孝顺不仅仅是料理、侍奉父母，而是要做一个全面优秀的人，有良好的品德让人称颂。因为父母最高兴的不是你赚了多少钱，而是听到社会上满是对你夸赞的声音。这种优秀不单指德，更在于行。做事坚持自己的原则，不让父母因为自己背负压力和恶名，这便是更深层次的孝。

其实，中国的父母对子女的付出往往都是无私不求回报的。他们辛辛苦苦把子女培养成人，还要为婚后的子女考虑，有的父母甚至搭上自己一辈子的金钱给子女买房买车。而我们却经常忽略父母的付出，有时还会把自己的坏脾气和在外面受到的委屈发泄到父母身上。

而从生理和心理上来说，人到老年，脾气也会变得反复无常，“分离焦虑症”也常常在老人身上发生，他们总是说不喜欢和子女一起生活，想要独居，其实内心深处十分渴望子女的爱护和关心。但儿女在人到中年后，承担着上有老下有小的责任，很多人无法做到事事满足父母的心愿，长此以往矛盾渐渐产生。父母越来越难以理解，子女也无法做到宽慰他们，多数情况下会不欢而散，双方都感到愧疚和自责，却又无能为力。

想要改变这种现状，就要先改变自己。以爱为圆心，行动为半径，画一个圆，减少正面冲突，摒除“难相处”的成见。父母上了年纪后，常常需要我们像他们照顾小时候的我们一样去照顾他们。美国高龄看护组织“暮光服务网”的创办人格雷丝·勒博（Grace Lebow）和芭芭拉·凯恩（Barbara Kane）有着数十年的老人看护经验，他们把年迈的“麻烦父母”分为六种类型：

第一种：依赖型父母。

此类父母行为的典型特征是：父母难以独处，需要子女更多的陪伴，一旦和子女分开就会在身体或精神上出现明显的问题，依赖子女打理自己的一切事务，无论是大小事都无法独立做决定。

对于依赖型的父母，切记不要失控发火，这样只会让大家都难过。那子女该怎么做呢？首先不要一味地和父母讲道理，辨是非，因为他们的行为本就不理性。可以适当地建议父母加入团体活动，让他们意识并感受到有更多的人关爱自己，你也会如释重负。设身处地地换位思考理解父母的心境，和父母沟通自己能力范围内能做到什么，做不到什么，彼此保留空间和弹性，一起减压。寻找一些事情，建议父母或陪同父母一起完成，让他们有成就感。

第二种：泼冷水型父母。

此类父母行为典型特征是：容易暴怒，疑心重，戒备心强，有些偏执。有时他们会评价某个人是优秀的，是难得的朋友，也许第二天就会对这个优秀的人百般挑剔满腹怨言。面对和自己同性格的人，他们会毫不留情地批评，总想着让别人让步。

对于这种类型的父母，最良好的对策不是在他们生气的时候摆事实讲道理，而是不争论，表达认可他们即可，让父母体会到你的支持与关心。如果父母恶语相向，要展开同理心，避免大家负面情绪太多说出相反的话或做出违背本意的行为。子女不要试图改变父母根深蒂固的挑剔和批判性格，要以包容和理解的态度相待。

第三种：自毁型父母。

此类父母行为的典型特征是：父母常有强迫性举止，如不断清洗、赌博等，或者酒精药物成瘾，发怒时会拒绝饮食或者饮食无度，属于自讨苦吃型。有的父母甚至生病不肯服药，有自杀倾向，以自己威胁别人等一系列行为。

对于此类父母，子女要有更多的耐心，善于运用医疗资源陪伴父母摆脱心魔，可以通过写信的方式，和父母沟通，让其振作。对于有些问题也不能独自承担，要找专业机构或者医疗机构请求专业人员介入，帮助父母戒掉不良习惯，重获健康。

第四种：控制型父母。

此类父母行为的典型特征是：人格具有被动攻击性，例如，拒绝沟通、不断拖延，让他人感到十分恼怒和无助。种种行为恰恰反映了这类父母的内心情绪，即控制欲强，生活方式不容挑战，对子女的教育模式不容置疑，如果子女没有达到要求或者没有按照父母的预期成长，他们便会怒不可遏。

对于此类父母，子女要尝试进行语言沟通，幽默就是不错的方法，和父母保证你一定会在他们身边，但是也有你的前提和方式。对父母诉说他们对你的重要性，直接劝慰父母，让他们觉得自己是有价值的。

第五种：自恋型父母。

此类父母行为的典型特征是：嫉妒心强，难分是非曲直。此类父母会认为自己无论是生活还是能力方面都与众不同，别人难以比拟，有时又会突然觉得低人一等。做事从自身利益出发，不在乎对别人造成什么影响，对他人多为苛责，自己却感觉宽厚慷慨，看不清真假。

对于此类父母，子女不要奢求自己能够满足父母的所有要求，也不要随意放弃，要找到其他方式避免日常中的冲突，把时间花在和父母做大家都喜欢的事情上。要找准沟通的时机，学会适时拒绝，也可以和专业的医生沟通父母的状况，帮助自己疏导父母的情绪和心中的郁结。

第六种：恐惧型父母。

此类父母行为的典型特征是：容易恐慌，杞人忧天。此类父母害怕人群，总会莫名恐惧，难以入睡，非常迷信，总有些不切实际的愿望。如果生病则拒绝面对现实，频繁更换医生，有的时候或许是身体真的不适，有时则是臆想出来的。

对于此类父母，子女要寻求精神科医生的帮助，了解父母恐惧的来源，遵医嘱帮助父母找到排解情绪的出口。对父母的痛苦要理解，打开心结，可以陪伴父母多上些老年人课程，培养积极乐观的心态。

著名作家毕淑敏说：“父母在，人生既有来处；父母去，人生只剩归途。”

中国人的骨子里刻着“百善孝为先”的美德，如若对“问题父母”熟视无睹，子女内心就会愧疚万分，更别说他人的指责。只有真正了解父母属于什么类型，才能对症下药解决问题，最终改善和父母的关系，和年老的父母也能和谐相处。

仲妈陪伴心语

我们常说养儿方知父母恩，只有做了父母，才能体会到父母的难处。

面对年纪越来越大的父母，唯有用端正的态度，温和的方式才能和父母高效沟通。人生不过数十载，真正和父母相处的时光还有多少呢？而人生最大的无奈莫过于子欲养而亲不待。其实，让父母优雅地老去，积极面对生活并不难，我想只要两个词就够了，那就是“爱和陪伴”。

1.2　缺失的一隅：有多少老人成了被遗忘的孤岛？

除了“父母老后难相处”，沟通出现问题，子女和父母之间的关系越来越差，“中国式老人”的第二个现状是，越来越多的老人成了“被遗忘的孤岛”。当今社会发展迅速，老龄化现象已成为全社会关注的热点话题之一。据国务院2017年3月公布的《“十三五”国家老龄事业发展和养老体系建设规划》中有关“中国老龄化”数据显示，空巢或独居老人增加到1.18亿人左右。如何让老年人的生活变得更有意义，成为摆在子女面前的首要课题。

那些在“被遗忘的孤岛”上的老年人，面临两个重要的现实问题：

第一，内心的恐惧与孤独感愈加强烈。

正如刘禹锡在诗中写的，“人谁不顾老，老去有谁怜。”当然，不是说我们的子女全都不孝，而是由于种种现实原因，没人能保证子女时刻陪伴在侧。少了儿女们的陪伴，父母的内心注定多了几分孤独与遇事时的无助、恐惧。

第二，思维与行动和社会脱节。

很多年轻人在与上了年纪的父母沟通时或多或少会有这种感受，父母是否与社会脱节，并不在于他们会不会玩电脑、玩手机，而是在于他们的思维能否适应大多数人的观念，并愿意为之付诸行动去改变。

现实中的老年人，无论身在何处，没有谁比谁更优越。但在信息泛滥的时代，无论是从媒介方面还是与外界情感沟通方面，越来越多的老年人难以在短时间内接受新鲜事物，与社会严重脱节。

如果我们不及时解决上述两个基本问题，那么在这座“被遗忘的孤岛”上，那些令人唏嘘的“孤独死”事件将是社会上更多老人晚年的真实写照。

值得警惕的现象：“孤独死”

我曾在新闻里听闻这样一则报道：在一个夏日里，一小区居民突然听到隔壁邻居家有“咚咚”的响声，开始没太在意，但声音持续了很久，该居民觉得不对劲。于是，他寻声找到了声音的来源，这是一位躺在阳台很久，光着身子，浑身动也动不得的老人，用最后的力气敲打盆碗传来的声音。老人已经四天四夜滴水未进了，可却无人知晓。由于正值夏季高温，可怜的老人被毒辣炽热的太阳暴晒着，裸露的皮肤已经生疮。如果不是好心的邻居及时报警，后果不堪设想。

也许很多人认为，老人可能是无儿无女才会发生这样的意外。但事实并非如此，他是有儿女的，而且住得很近，然而其子女却半个多月没给老人打过一个电话，没回家看望他一次。

这样的新闻不禁令我潸然泪下，义愤填膺痛斥其子女的同时，更让从事大健康行业的我开始深刻地反思：究竟是什么原因造成子女不去或不愿陪伴老人？或许我改变不了什么，但我能为他们做些什么？

扪心自问这一刻，我想到了曾经看过的一部纪录片，名字叫《无人知晓》，主要讲述了老年人孤独死的悲惨事件，片中几位老人无论生前及死后都无人关心，无人知晓。

其中一位75岁的老人，生活在一栋堆满垃圾的二层小楼里。从工作人员搜集的老人的旧物里不难看出，老人生前应该有自己的生活趣味。然而岁月不饶人，随着年纪渐长，行动不便，老人只能在一个不到5平方米的空间范围内活动。久而久之这里被垃圾堆满了，没有人关心老人生活得怎样，致使老人最后对生活失去了信心，内心的孤独感吞噬了生存的希望，结果老人死亡三周后才被邻居发现。老人这种去世的方式且不说没尊严、不体面，更让人深感心痛。

这一桩桩，一件件惨不忍睹的事情让我心中感到十分难过。

“我于昨晚去世，走时心如止水……”

还记得2018年这封刷爆了朋友圈的“遗书”吗？

一位81岁的孤寡老人，在万家团圆的中秋之夜，知道自己生命已经走到了尽头，含泪写下了这封遗书，将后事的处理情况交代了一番后，就撒手人寰了。据常理推测，她可能本以为自己的儿女第二天会回来，就能发现她以及遗书，让老人走的安心，并妥善料理后事。

然而令人意想不到的是，她的子女竟在老人死亡后的两个月里从未来家里看望过，这有多么让人心寒！自己的亲生母亲在去世后，最后还是被陌生的邻居发现的。

“如今儿女有钱了很容易做到给父母买车、买房，但是最难做到的就是陪伴。”于丹教授的这句话令我至今印象深刻。“孤独死”从一个视角反映了老人晚年生活的困境，少了子女的陪伴与关怀正是导致这些悲惨事件发生的最重要的导火索。

别让你的父母成为孤岛上的老人

《论语·学而》中说道：“有子曰：君子务本，本立而道生。孝悌也者，其为仁之本与！”自古以来，中国人都讲究“孝悌之道”，孝悌为仁之本，是中国人生活的人伦底蕴。正因如此，华亚众盟始终以“孝悌为本，仁爱当先”作为企业核心文化。我坚信，唯有将孝爱文化播撒在全国各地，未来才会少一些让人悲悯落泪的社会新闻，多一些孝爱的雨露，多几分爱的陪伴，才会有越来越多的年轻人用爱去陪伴自己的父母。

不得不说，我身边的人以及我所接触过的例子中，还是孝顺父母的子女更多一些。包括我们公司里那些年轻的姑娘、小伙子们，他们不只爱自己的父母，把客户也当作自己的父母、亲人一样对待。只不过，近几年，由于个人原因、家庭原因、社会原因等多重因素，导致空巢老人的比例越来越高。

第一，个人原因。

在经济高速发展的社会，越来越多的老年人不再受传统观念的束缚。一部分老年人由于有养老金的保障，并且身体康健，所以会选择与儿女们分开住。还有一部分老人在自己生活的环境已经居住了几十年，故土难离，宁愿落叶归根也不愿走出自己的一亩三分地。这就造成如今的空巢老人现象越来越普遍。

第二，家庭原因。

不得不说，家庭因素是导致空巢老人越来越多最重要的原因。如今虽然国家已放开三胎政策，但独生子女的时代仍未结束。当今社会经济发展迅速，独生子女身上的担子毋庸置疑越来越重，上有老下有小。尤其是已婚的子女们，既要照顾到双方老人的生活，又要抚养自己的子女，还有房贷、车贷等来自生存、生活的双重压力。大部分子女平时就忙得不可开交，无暇顾及与老人相聚。各种因素导致子女与老人沟通时的代沟越来越大，一言不合可能就吵得天翻地覆。由此也导致很多老年人一是不忍心再给儿女施加压力，二是不愿过多打扰子女原本平静的生活，主动想要过自己的独居生活，给彼此都留一些自由的生活空间。

第三，社会原因。

儿孙满堂，子女承欢膝下，是老年人最大的心愿。然而，随着子女在本地就业难度增大，竞争激烈，负担加重，越来越多的年轻人会选择在毕业后去外地寻求更多发展机遇，留下老人独自在家，这也是空巢老人越来越多的一个重要因素。

要想彻底解决空巢老人的问题，就要详细分析这些原因，并逐一找到相应的应对方案，尽快实施。为了应对这一问题，近几年，政府也加大力度不断推出新的政策，保障老年人的基本生活，以及推进新的尝试，例如建立养老驿站、养老社区等等。

其实，中国的父母普遍有一个共同点：为了孩子，自己可以无私奉献出一切，但却不想成为孩子的累赘。然而，“子欲养，而亲不待”的严峻事实却摆在眼前，这也是无数人发出的声声懊悔之言，哪怕是名人大家也不例外。

父母在，人生尚有来路；父母去，人生只剩归途。

趁父母尚在，有时间多打一个电话，多发一个视频、一条微信，多与他们谈谈最近经历的生活琐事，若能多一点爱的陪伴，就更好。当你懂得珍惜与父母在一起的每一分每一秒，把它当作最后的时光去度过，你会觉得分外珍贵。

趁一切还来得及，别让他们在灵魂的无人之境孤独终老。

仲妈陪伴心语

关于爱与陪伴，我们总是后知后觉。我发现，大部分中国子女与父母的关系变化都是如此：父母和子女其实就像一部电视剧一样，前半生，父母把儿女从呱呱坠地的婴儿慢慢抚养成人；后半生，二者互换角色，儿女却要像对待婴儿一样，给他们喝奶，嘱咐喂药，还要接屎接尿，小心翼翼地照顾着，想尽一切办法哄他们开心。但心情是完全不同的，父母看着孩子一天天长大是开心并有期盼的，希望时间过得快一点；而子女照顾父母，则是要面临他们的生老病死，看着日渐衰弱的身躯，多么希望时间可以慢一些，再慢一些。

当生命进入老年时期，老人失去的是昔日的意气风发，当曾经陪伴他们膝前的儿女离开，与他们为伴的只有孤单的黄昏，这是大多数老年人器官病变加重的开始，也是老年人心理问题的症结所在。可见，儿女的陪伴至关重要，再不济，请选择一种替代方式。

1.3 行业数据很好看，我却笑不出来

2021年1月初，智能可穿戴和健康云服务公司华米科技发布了最新的《2020年中国人健康状况报告》（以下简称“报告”），该报告是基于华米科技旗下的Zepp数字健康管理平台的数万份在线调研和千万级大数据综合而成。

2020年受疫情影响，人们的运动健康习惯随之有了很大变化，我国平均步数迅速下滑，人们开始对自身健康的关注度有所增加，越来越多的人将运动列为日常。除此之外，从2021年开始，我国老龄化现象逐渐进入白热化阶段。联合国规定：60岁以上老年人口占总人口数的10%以及65岁以上的老年人占总人口数的7%以上都属于老年型国家或地区。事实上，自从2000年起我国就已经迈入了老龄化社会，只不过，65岁以上老年人口占总人口比例在以逐年上涨的趋势正发生变化，人口老龄化的比例持续增长。

2021年5月，国家统计局发布了2021年全国第七次人口普查结果，数据显示，全国总人口数为14.1178亿，比10年前统计的数字增长了0.7亿，稳中有升。而从年龄结构上来看，老龄化日益加重，60岁以上人口为2.64亿。

到2025年我国完成“十四五”规划时，65岁及以上的老年人口数将增长至2.1亿甚至更高，占总人口的百分比约为15%；到2027年，我国老年人口总数预计将增长至3亿人；到2044年，我国老年人口总数预计将增长至4亿人；到2050年，我国老年人口总数预计将增长至5亿

人。可见，在今后的几十年里，我国老年人口总数将会持续增长。

随着我国老年人口总数持续增长，疾病的发病率也随之增加。例如，骨质疏松症是老年患病率较高的一种疾病，已经在老年常见病中位居第七位；全世界已经有2400多万人成为阿尔茨海默病患者，而我国阿尔茨海默病患者每年增加都很快，占其总数的1/4；在60岁以上的老年人群中，患病人数比例占总数的56%，其中女性的患病率高达60%～70%。骨折发生于60岁以上老年人中的概率为1/3，每年花费医疗费可达150亿元人民币。

在我国人口老龄化增长影响下，人均GDP也发生了变化。当发达国家到了老龄化时代，人均GDP约为5000～8000美元，而我国则出现“未富先老”的现象，在2003年，人均GDP才仅仅达到1000美元。

然而，与这些数据形成鲜明对比的是前景一片光明的大健康行业的数据。只是，看似好看的行业数据，却令我笑不出来，反而让我感到肩上多了一份重担。

大健康产业的危与机

大健康说到底就是以人的衣食住行、生老病死为核心，对整个生命进行全方位的关心与保护，要求尽量达到从个体生理、身体健康到追求心理、精神等各个方面的健康。

如今，“大健康”已经成为全社会高度关注的热点话题，人们对于大健康产业的期待值也越来越高。在党的十九大报告中，明确提出了推行健康中国战略。《中国防治慢性病中长期规划（2017-2025年）》等多项相关政策法规在我国相继出台。

表1-1是我国大健康产业发展的主要政策及分析。

表1-1　我国大健康产业发展的主要政策及分析

发布时间	政策名称	主要内容
2018年4月	《关于促进“互联网+医疗健康”发展的意见》	允许部分医疗机构发展互联网医院，并在实体医院的基础上，运用互联网技术提供安全适宜的医疗服务，如在线问诊、复诊。允许在线开具部分常见病和慢性病的处方
2018年9月	《国家健康医疗大数据标准、安全和服务管理办法（试行）》	从规范管理和开发利用的角度出发，对医疗健康大数据的应用发展提出了新的要求。国家卫健委分别确定了两批健康医疗大数据试点省份及城市
2019年7月	《国务院关于实施健康中国行动的意见》	明确了三个方面共15个专项行动：第一，从健康知识、合理膳食、全民健身控烟、心理健康等方面综合施策；第二，关注妇幼、中小学生、劳动者、老年人等重点人群，维护全生命周期健康；第三，针对心脑血管病、癌症、慢性呼吸系统疾病、糖尿病四类慢性病以及传染病、地方病加强重大疾病防控
2019年7月	《健康中国行动（2019-2030）》	第一，定位上，从以“疾病”为中心向以“健康”为中心转变；第二，策略上，从注重“治已病”向“治未病”转变；第三，主题上，从依靠卫生健康系统向社会整体联动转变；第四，文风上，努力从文件向社会倡议转变
2019年9月	《促进健康产业高质量发展行动纲要（2019-2022）》	围绕重点领域和关键环节实施10项重大工程，主要包括优质医疗健康资源扩容、“互联网+医疗健康”提升工程、健康服务跨界融合工程、健康产业科技创新工程、健康产业聚集发展工程等
2019年11月	《健康保险管理办法》（修订版）	完善了健康保险的定义和业务分类；统一财产险和人身险公司健康保险的监管制度、经营规则和准备金评估标准；要求保险公司销售健康保险产品时按备案标准严格执行；支持健康保险与健康管理相结合
2019年12月	《中华人民共和国基本医疗卫生与健康促进法》	各级人民政府应把人民健康放在优先发展的重要战略地位，将健康理念融入各项政策，坚持预防为主，完善健康促进工作各项体系，推进全民健身，建立健康影响评估制度等
2021年3月	《第十四个五年规划和2035年远景目标纲要》	构建强大公共卫生体系、健全全民医保制度、审核医药卫生体制改革、推动中医药传承创新、完善养老服务体系等

近年来，我国大健康产业发展之所以突飞猛进，主要是国家对大健康产业的支持力度有所增加。前瞻产业研究院公开数据表明，我国

大健康产业市场规模从2010年到2018年，八年时间增长了3.5倍，由原来的19308亿元上升至67327亿元；沙利文公司的数据显示，到了2019年我国大健康产业规模已经增长到了81310亿元；而在国家发布的《“健康中国2030”规划纲要》中指出，到2020年我国大健康产值规模已经超过十万亿元，占到GDP的10%以上；而在“健康中国”战略中提出：到2030年，大健康产业总规模将上涨至16万亿。由此看来，现阶段大健康产业总规模将有十几万亿的上升空间，这足以说明大健康产业即将进入黄金期。

中国人口老龄化，医保政策的改变是推动整个大健康行业的主要核心力量。另外，行业内部自主研发力逐步加强也驱动着行业不断向前。换句话说，大健康行业的发展是由于人口老龄化增长造成我国医保支出费用增加，进而促进了行业规模的扩大，其中最主要原因就是经济发展了。但事实上，大健康行业并非像我们想象得那样简单。

第一，“大健康”不是噱头。

如果我们理解的“大健康”仅仅是日常的衣食住行、生老病死，这未免有些狭隘。**“大健康”不应只停留于某个人或某个地区居民的衣食住行和生老病死，它真正的含义应该是对整个人类健康全方位的关注，它是指包括精神、心理、生理、环境、社会、道德等在内的全局性的健康理念。**

大健康产业并不仅限于本产业内，它涉及范围非常广泛，它和与健康相关的信息、产品、服务以及国内外、社会上各类组织都息息相关。总的来说，各个行业都离不开大健康行业的协助配合，它能够帮助人们解决大多数的健康问题。因此，我们不能将“大健康”看成一个噱头，而应正视它。

在最近几年里，所有与健康有关的产业链都炙手可热。大健康产业主要包括以下五大产业范畴：

1. 医疗产业：主要由医疗服务机构构成；

2. 医药产业：主要由药品、医疗器械、医疗耗材产销构成；

3. 保健品产业：主要由保健食品、营养食品、健康产品产销构成；

4. 健康管理服务产业：主要由健康检测评估、咨询服务、调理康复和保障促进等构成；

5. 健康养老产业：主要由养老市场构成。

这些年，我一直扎根于以健康服务为主的大健康领域，经历了大健康产业商业格局的洗牌，也见证了大健康产业的迅速崛起，从这个角度而言，未来五年，健康产业大有可为。但如果我们要享受到更多的发展红利，首先要挑起肩上的担子。

第二，价值凸显的背后，是对企业更高的要求。

虽然大健康经历了重重的考验和挑战，但它的价值更有所显露，这也让整个社会和人类对大健康产业的期待值和要求越来越高。

想到自己创业时的举步维艰，总会被一些人好奇地问道：“在那些艰难的日子里，你是怎样挺过来的？”我常常只是淡然一笑：“危机意识，让我变得更强大。”的确，“大健康”曾经并不被大众看好，一直以抽象化的形式存在，无法扎根落地。近几年，大健康已经被上升到了国家战略高度。

大健康行业是和人类生命健康相关联的一个行业。因此，企业承担起社会责任就显得格外重要。目前，我国大健康产业还处于结构调整和转型过程中，大健康行业充斥着打着大健康旗号却以其他暴利方式盈利的乱象，对那些还处于行业转型阵痛中的中小企业而言，怎样做才能更好地践行社会责任，将会是更大的考验。

成为大健康行业的领军者，这是行业的呼唤，也是我有幸作为其中一名行业从业者目前正在做的事情。

仲妈陪伴心语

关怀与陪伴作为大健康产业末端的服务课题不容忽视。在生命的全周期关怀服务板块中，爱与陪伴的分量很重，它是人们精神的寄托。如今，人们迈入了长寿时代，老有所乐、心有所安是大健康产业链条上的重要环节，而有人陪伴则迎合了大健康产业链末端的现实需求。

比起好看的行业数据，我更加关注的是对生命关爱的那份责任，对生命陪伴的那份热忱，对生命质量的那份尊重。

1.4　大健康产业需要一场质效革命

近几年，随着经济的发展，大健康产业潜能被进一步释放，成为朝阳产业。而国家也不断出台政策加大支持力度，吸引了阿里、腾讯、中国平安、泰康、恒大、万达等巨头纷纷加速了布局健康产业的步伐。例如，万达在医疗产业上投资1440亿元、腾讯研究出医疗AI引擎、华润置地联手凤凰医疗布局大健康产业、小米探索大健康数据等。可以预见，大健康产业未来几年的发展势不可挡。《“健康中国2030”规划纲要》里指出“在有效保障基本医疗和健康服务的前提下，支持社会力量提供多层次多样化的医疗健康服务”，更证实了大健康领域未来的广袤商业版图。

大健康产业的命运之轮需要“质”（品质）与“效”（效率）的双重驱动

马斯洛的需求层次理论，将人的需求从低到高依次分为生理需求、安全需求、社交需求、尊重需求和自我实现需求。陪伴的过程，很大程度上可以看作是对老年人各种需求的满足。

在我国老龄化人口逐年增多的今天，老年人的平均寿命也在增加，而很多高龄老人虽然腿脚利索，但依然在行动上需要陪伴和照顾，这样就可以尽量避免意外发生，突发疾病时也能够及时就医。通过前面章节的总结，我们可以从不同的视角来看待中国的大健康产业。

从市场的角度来看，老年陪伴服务无疑是一种符合市场需求的服务，在前面章节我们分析过，现在的年轻人大多忙于事业和家庭，无暇顾及家里的老人。因此，大部分子女的选择是将老人们送到养老机构，或者选择专业提供陪伴服务的企业，由专业人士来照料老人的生活起居，这倒不失为一个良策。但存在一个普遍问题，从事老人陪伴服务行业的门槛不高，陪伴者的素质良莠不齐，老年人的合法权益得不到有效的保障。这类问题是老年服务行业发展受阻的关键所在，必须加以解决。

从产业的角度来看，大健康产业是一条很长的产业链。目前，我国的健康产业体系包括：营养食品、保健食品、保健用品、保健服务、健康管理师、社区医疗、医药产业等，这些产业体系已成熟发展。其中仅保健品行业，年产值就接近万亿元。与此同时，大健康产业也持续涌现出一批新兴产业，例如，养老产业、医疗旅游、营养保健产品研发制造、高端医疗器械研发制造等，我国目前是全球最大的膳食补充剂原材料的提供商。

很多顽固棘手的问题所引起的信任危机也是阻碍产业发展的枷锁。例如，市场庞大、产业链不集中、商业模式老套不够创新、研发和技术创新跟不上等。入局的企业唯有先解决这些行业痛点，才能真正把握产业的机会。

确切地说，大健康产业需要一场质效革命。当然，我自知以我一己之力无法在短期内改变行业的风向，推动整个行业的变革。但就我所从事的事业、我们为老年人提供的陪伴式服务来说，需要“质”（品质）与“效”（效率）的提升，行业的从业者仍需从根本上做出改变。

在我看来，养老应该是一个系统性问题，而陪伴是关键，应该说，养老不是单纯的“你花钱，我为你服务”，而是要投入真情的陪伴式服务。如果将养老的责任全部推卸给相关机构或企业，这不太现实，也不负责。我们应和更多的企业共同努力承担起整个社会养老的重担，主动参与到社会养老的服务中去。如今，大多数老人基本不用因为缺衣少食而发愁，虽然生活上丰衣足食，但少了子女的陪伴却让老人们生活得更孤独。很多年轻人总是碍于工作的原因，抽不出时间回家陪伴老人，即使是逢年过节都回不去，这是养老问题的核心。如果不能将这个问题解决，不管养老服务做得多好，都不可能真正提升老人的生活品质。

那么要怎样解决这个问题呢?

第一，基于老年心理所需要的归属感，拓宽沟通的桥梁。

子女常年不在身边，老年人少了陪伴说知心话的人，难免会感到孤寂与凄凉。其实，年纪越大，越需要依靠外界的社交资源让老人获得家人般的关怀和爱，同时这也是最佳的“抗老化”良方，可以提升老年人晚年生活的幸福指数。

第二，打破父母与子女之间沟通的壁垒。

当父母进入老年时，生理机能的退化会在一定程度上冲击老人的心理，导致子女与父母双方都更容易产生心理上的压力与危机感。殊不知，我们担心的事，父母也同样担心。这时，最重要的是要进行有效沟通。在和老人沟通时，最普遍的一个问题是，很多人沟通时带着对老人的不满和偏见，导致双方因为争论不休引发更强烈的争执，最后无果而终。这样的沟通其实是无效的。

当父母逐渐迈向老年，我们也早已长大成人，不再只是那个听话、一味顺从的孩子，正因如此，最佳的相处方式就是和父母像朋友一样相处。帮助老人慢慢学会融入家庭，与子女交流；帮助老人的子女懂得细心观察，明确父母的需求，让双方的关系更融洽，实现高效沟通，这也是我们一直在努力尝试的事情。

随着社会的发展与进步，未来老人的需求会更加多元化、精细化。面临这些巨大的挑战，我们华亚人将以客户需求为导向、客户体验为服务标准，不断升级，只为切实帮助更多中国的老年人拥有幸福的晚年生活。

仲妈陪伴心语

科技发展、消费升级以及人口老龄化加剧等因素都不断促进健康产业的发展与融合。大健康产业就像是一个刚刚出世的婴儿，亟待出现一个行业标杆企业，破开前方的暴风骤雨引领产业前行。而在科技、市场、政策和资本的共同导向下，大健康产业的未来俨然是一片商业的蓝海。只是，市场竞争硝烟弥漫，终将因竞争者的厮杀而“泛红”，就看谁能把握住大健康产业风口上的机遇，以此为突破口，化身巨人，冲出风暴。

第二章

陪伴式服务模式：打造“家门口的家”一站式社区服务

早在几年前，上海的某养老机构就曾推出过类似“陪伴老人”的服务模式，最终因为难以保障服务质量和效果而不了了之。然而，无论是传统的居家养老服务还是保姆式养老服务，都难以满足老年人不断变化的个性化需求。在传统居家养老中，老人生病不能及时知晓已是常态，对于患有慢性病的老人，一旦出现意外很难及时回应，诸多隐患让子女更倾向选择养老院的养老模式，但只提供简单吃饭穿衣、解决温饱的养老院服务无法满足老人的精神需求。在这样的背景下，陪伴式服务模式应运而生。

“陪伴是最长情的告白”，这句浪漫的话语不只是一句动听的歌词，更是我们积极探索陪伴式服务模式，为中老年朋友打造“家门口的家”的初衷。该模式以服务“加法”激发市场“乘法”，积极探索中国养老服务产业全链条、全要素的陪伴式服务新模式，让老年人重获身心健康变得更加简单！

2.1 游学启示录：多维度重新认知大健康行业

在创业者里面，我的文化程度不高，当时的我只有初中学历，这一点我从不避讳。当我了解到老干妈的陶华碧、汽车之家的李想、蒙牛的牛根生、美的的何享健等都是文化程度不高但创业成功的优秀企业家时，让我产生了一种誓要向他们学习的动力。当然，我和他们还差得很远，无法与之媲美。但我也很自豪自己一路坚持到了今天，能有机会与我的企业一起成长，这离不开近几年政府与国家各项政策对我们企业的支持。

圣人有云："读万卷书，行万里路"，我深知，想成为标杆企业，首先要走出去看看世界上那些优秀的企业和企业家的学习方式。从创业开始，我读了之前几十年没有读过的书，走了前几十年没有走过的路。我加入了正和岛，和那些优秀的企业家一起去美国、日本、以色列、德国游学，不断修我未曾修过的学分（见图2-1至2-6）。无论是美国的先进技术、德国式的严谨，还是日本的百年企业和工匠精神，以色列的无土栽培、滴水灌溉等技术创新和文化创新，都在我创业期间给了我足以借鉴的智慧和启迪。可以说，所到之处皆是阳光，照耀着我温暖前行。

图2-1 外出学习与老师合影

图2-2 外出学习与楚道文老师合影

图2-3　在山东学习与老师合影

图2-4　2018年在日本早稻田大学游学

图2-5　2018年在日本学习独特的经营模式

图2-6 正和岛商学院以色列创新之旅

直到今天，我仍在山东大学进修博士。我发现现在的企业家们，热衷于学习的越来越多了，向各界企业家学习的同时，我的格局也越来越高。无论是修学还是游学，不仅是知识的学习，更是视野的扩大，见识的提升，更是资源的链接，这个过程让我找到了自己的“赋能之手”，让我得以站在时代的最前沿，洞悉行业的未来趋势。

三个维度让我颠覆对大健康行业原有的认知

转眼之间，到了创业的第16个年头，回顾这16年的成长，有不少的体会和感受，同时也和总裁班、北大、山大结下了不解之缘。学习的稳重与踏实，在一片喧嚣声中，让我略显得与众不同。这些学习经历至少帮我解决了三个方面的问题：

1. 环境变化快，避免思维跟不上。
2. 老板跑得快，避免团队跟不上。
3. 培训花样多，避免行动跟不上。

也正因这几年的游学经历，让我对我所处的大健康行业有了新的认知与思考：

第一个维度：产业层面。

疫情在全球范围内的暴发和5G时代的到来，导致很多行业受到巨大的冲击，新一轮变革蓄势待发。而这对于各行各业来说既是一次新的机遇，又是一次新的挑战。疫情引起全民对于健康更深层次的重视和思考。我国的大健康产业受疫情影响主要包括以下几个方面：

第一个方面，我国民众健康管理意识逐渐增强。

第二个方面，大健康产业在疫情的影响下获得众多投资机构的青睐。

第三个方面，将会有一大批人才涌进大健康行业，在这个领域里选择工作或者创业，这会使大健康的产业发展向前一步。

第四个方面，促进健康礼品产业的发展，大健康概念的周边产品会随着全民健康意识的普及越来越受欢迎。

这种变化尤为明显，2021年新年刚过，华亚就接待了很多想要与我们合作的客户，这其中大多数并不是这个行业的，只因看好大健康产业的未来，希望更深入地了解华亚，通过合作为大健康产业的发展贡献一份力量，同时实现财富增值。

第二个维度：国家层面。

从国家层面来讲，这次疫情过后，国家会加大力度支持健康产业的发展，包括资金、政策上的投入。实际上，前几年国家为实现从以治病为中心转变为以健康为中心，就提出了“健康中国”的战略。这一战略的落地，也是华亚众盟发展的契机。

从前，人们常常将治病看得最为重要，当我们身体不舒服时，第一时间想到的是去医院治疗。但随着科技的发展，医疗技术也慢慢陷入了瓶颈期。现在，很多患有新冠病毒性肺炎的患者康复后往往靠的是自身的免疫力，年轻人患病率低，靠的也是强大免疫力的支撑。从治病为中心转变为以健康为中心，首先要弄清楚健康的前提条件是什么。

健康的生活是健康的首要条件。我们的身体健康与否主要取决于健康的生活，这其中包括我们的饮食习惯、作息习惯以及心理健康等。而拥有健康生活的前提是我们要知道什么是健康，什么是不健康。换言之，我们要有良好的健康素养，这是解决国人健康生活的根本。

第三个维度：市场层面。

市场需求是大健康产业发展的支点。我们上一章节已经深入分析了这个层面，不再过多论述。总结起来，在我国，老年人老无所依的现象日趋严重。有些老年人在另一半去世后，孤苦无依；有些老年人儿女不在身边，成为城市或农村角落里的空巢老人。这些老年人需要爱的陪伴，需要有人帮助他们生活得更有尊严。

透过这三个维度的分析，我越发觉得，老年人的健康生活更值得我们去关注和探讨。在前瞻产业研究院2016年1月发布的《我国老年医疗服务市场需求趋势分析》中显示，我国老年健康服务行业需求将呈以下发展趋势：

第一，需求增长速度快，但老年人对服务质量有更高的要求。

老年人是发病率很高的一个群体，且国家医疗保健制度在逐渐完善，使老年服务市场需求快速增长。而随着社会的不断进步及国家各项政策出台、资本的入局，我国健康行业竞争将会加剧，市场竞争越激烈，老年人在挑选服务时对品质的要求也会越来越高。

第二，个性化、差异化的养老服务机构和社区快速增长。

我国目前大部分老人都选择居家养老，虽然国家对此持有鼓励的态度，但老年人的养老观念也在发生变化，加上空巢老人现象越来越严重，在这样的背景下，那些能够提供差异化服务的新型养老机构应运而生，成为老年人的不二选择，其子女也更放心。

第三，养生旅游、候鸟式旅游将成为未来的主流。

老年人退休后时间比较充裕，他们更喜欢放松式、慢节奏的旅游方式。“慢旅游”成为老年度假市场的热门产品。在老年市场对保健、养生等众多旅游需求的刺激下，类似度假住宅、康养社区等更多带有养生属性的产品有望成为未来老年旅游的主流。

不可否认，未来，老年服务行业的市场还有更广阔的空间等待我们去拓展。今天，已有越来越多的企业加入到了服务老年人的行列，并专门成立了老年事业部。随着大量资本的入场，企业的品牌信誉度、销售渠道等各方面都会得到提升。未来，每个行业都可以为老年服务市场重新细分一次。

实际上，无论是从用户、人才层面，还是从公司、资本层面来看，老年行业都处在一个“过渡”的阶段，从起初较为粗放的管理水平走向专业化。时代的发展改变了老年人的传统消费观念，对于从事老年服务行业的我们来说，了解他们的需求，将服务做到极致，建立信任感和体验感，是当今企业要做的最重要的事。

不忘初心，方得始终。

无论市场环境如何变化，我们服务老年人的宗旨和初心始终不变。而我们所有形式、方法上的改变都是为了更好地为老年朋友提供差异化、个性化、有温度的服务。例如，中国的老年退休人群是目前老年服务市场上一个很大的消费群体，那么，这类群体与现在这代人最大的不同是什么，这是我们必须要思考清楚的。正因为不同的群体有各自的想法和自己的需求，所以，今天我才有为他们服务的机会，这也是我的一个很核心的思考逻辑。把所有的思维逻辑汇成一句话就是，中国的老年行业属于“慢行业”，既然你一只脚已经迈进来了，无论未来是阴天还是晴天，只要你挺过至暗时刻，机会就来了！

仲妈陪伴心语

企业之间的竞争是个持久战，企业家的素质提升也是一场马拉松。今天，只有学习型的企业家才能打造出学习型的组织和团队。

有人说，读过的书，走过的路，见过的人，决定你成为什么样的人。在游学的过程中，我不断地学习与思考，一次次颠覆原有的认知和想象。拓宽视野的同时，也拥有了前所未有的高度和格局。所有学习和游学的经历让我受益终生！

创业是段没有终点的旅程，走过一段时间的迷茫期，才能穿越暗夜，拥抱黎明那一抹最耀眼的晨曦。

2.2 精准定位：做行业内的标杆企业

前途是光明的，道路是曲折的。

在对行业有了新的认知以后，我开始对企业进行重新定位。

这让我想起曾经看过的《定位》理论一书，该书提到麦肯锡于1996年进入中国，通过精准定位和先进的服务理念让企业持续盈利，从此麦肯锡成为国内咨询界的标杆。可定位看似简单做起来很难。大部分人看了便懂，用了就错。尤其对很多初创企业来说，“定位”这个词，既熟悉，又陌生。熟悉的是，相信很多朋友都和我一样熟读过特劳特的《定位》；陌生的是，大部分人看了之后没有深入研究，未能掌握定位的精髓，以至于企业“定位”后反而发生了“错位”。可想而知，如果企业从一个错误的起点走向终点，即使过程再怎么努力，也难免陷入“守株待兔”或“骑虎难下”的尴尬境地。

那么，定位的本质究竟是什么？

我在给企业定位时有一个重要的原则是：**我的产品或服务能够被顾客切身感受到**。确切地说，定位不是给老板自己看，也不是给员工看，而是对目标顾客保证的一种承诺。因此，你的定位必须让目标顾客切身感受到。例如海飞丝的“去屑”，麦当劳的“快乐”等。倘若顾客感受不到你的定位，说明你的产品或服务与顾客的利益不相关，那么，产品或服务很可能做出来也只是空中楼阁，中看不中用。

要想为中老年人提供精准的服务，首先要对这个人群有充足的理解，这需要强大的团队调研报告做支撑。看好一个市场，不能脑袋先过去，身体也要跟着过去才行。

大健康行业不缺需求，缺的是真正为老年人着想的真诚的优质服务。从前面章节介绍的内容可知，当今社会，老年服务行业在市场需求层面非常大，而供给端却跟不上，人、货、场的每一个环节都是断裂的，但这也让那些定位精准的品牌因此充满机会。

前些年，广场舞红遍大江南北，很多企业纷纷看准了这个市场，投资数以亿计，然而最终却没做起来。究其原因，一是有流量、无变现；二是客户缺乏忠诚度。这其实道破了老年服务业的本质。如果定位是广场舞创业，其实我们都能找到大量的用户群体（全国各地跳广场舞的老人），只是没有找到好的变现方法。主要是一旦有了变现的想法，用户就会大量流失，这样的用户忠诚度较低。广场舞的“盛极一时”向我们证明了，想要真正服务于中老年群体，只有流量是不够的，还要建立起忠诚度，有足够的耐心。

在我所了解的成功案例中，足力健就非常值得我们创业者去研究。首先，它满足了市场的痛点，品牌价值较高。其次，同时铺设线上与线下渠道，抓住用户真实需求的同时，也抓住平台的流量红利。此外，足力健在发展过程中，没有完全依赖资本的推力，而是保有了自己的想法，有自己的造型设计、生产和现金流的运作能力。这也让我意识到，企业发展不能完全依赖资本，市场总会给有耐心的人丰厚的奖励。针对老年人的产品和服务，如果依旧是以前粗放式的生产和经营方式，现在其实不可行了，毕竟竞争激烈，毛利越来越少。更重要的是，我们如何针对不同的老年需求推出个性化的解决方案。沿着这一思路，我通过调研得出以下结论：

首先，老年服务市场需要的是极致体验。

大部分老年人认为未来的时间有限，他们更注重自我情绪的调节，追求开心地生活。让老年人汲取健康养生知识、寓教于乐更重要。很多人总想要做大市场，其实，不用怕市场小，若能服务好1%的老年群体，市场也会很大。

其次，投其所好，供其所需。

对老年群体来说，理解和陪伴就是最好的服务。在打造服务过程中，我们要想办法如何通过“贴心”的娱乐形式，把老年人的心理负担降到最低，让陪伴的服务成为老年群体的一种生活习惯和新的生活方式。

根据这一思路，华亚众盟通过践行三个极致，努力争做大健康行业的标杆企业：

第一，文化极致。

海尔把真诚文化做到了极致，华为把狼文化做到了极致，苹果把创新文化做到了极致，阿里巴巴把容易做生意文化做到了极致，IBM把整体解决方案服务文化做到了极致，麦当劳把标准化文化做到了极致……问题不是文化对品牌有没有用，而是你自己有没有独特的文化，你是否真正懂得并掌握了这种文化？你是否把这种文化做到了极致？

第二，服务极致。

所谓极致服务，就是投入所有的精力和能力把服务做好，并让服务的体验成为一种标准。海底捞就是将服务做到极致的为数不多的企业之一。的确，所有行业都应向海底捞学习把服务做到极致。我常对员工说，一定要让老年客户接受服务的同时，感受到爱的陪伴，即使他们的儿女不在身边，也能体会到如子女般陪伴的感觉。

第三，产品极致。

我很喜欢德国现代建筑大师路密斯·凡德罗提出的建筑设计理念“Less is more”。这也是我做产品时的原则。less即“少”，但少不代表一无所有，而是精确、简略；“多”也不是蜂拥而至，而是完美无瑕。用最少的元素表达精准的设计，没有其他多余的成分，一切刚刚好，则是“少”；能将顾客所需要的功能用设计表达得淋漓尽致，无可挑剔，满足顾客需求，则是“多”。例如微信的启动页，十年如一日的画面，只是替换过不同角度拍摄的卫星。

其实无论是产品还是服务，做好容易，但要做到极致却很难。而关于极致服务的理念，不同的人也有不同的看法，我们暂且不去展开讨论。可以肯定的是，无论今天我们是自己创业，还是帮助其他企业寻找突破口，精准定位就像是企业的导航系统，企业有了明确的方向，才能继续向着属于自己的方向乘风破浪。

仲妈陪伴心语

大健康产业不只是一个风口，更是一个大趋势、长趋势，是国家的一种长期战略决策。大健康行业就像是一座金字塔，所有企业都在金字塔的底端努力地往上爬，向金字塔最高点发起冲击，然而真正能顺利登顶的所剩无几。

多年来，华亚众盟从单一的泡脚服务做到全方位呵护，每一步脚踏实地，这份成绩属于支持华亚的每一个家人。未来，华亚众盟的定位就是继续坚持本心，为天下父母端好每一盆泡脚水，让国家放心，让顾客安心，让儿女省心！

“金戈铁马闻征鼓，只争朝夕启新程”，我衷心希望和所有华亚人一起携手去谱写属于华亚众盟恢宏壮丽的新篇章！

2.3　寻找同盟：认准一件事，一起去做

看清了行业的风向，我也认准了为老年人的健康服务是我可以做一辈子的事情。接下来，我要做的就是寻找更多的伙伴来和我一起完成这件事。

“千军易得，一将难求”。招募到千名士兵很容易，得到一名有实力、有才干的大将却非常难。一个人只有进入优秀的团队、组织，才会发光发亮；而对一个团队或组织来说，更需要有事业合伙人的加入，共同合作，实现梦想。

回想起公司刚成立的那一年，我带着自己的员工一起服务顾客，那时候真的是很艰难。员工少，顾客还不信任，而且有的老人行动不方便，都是员工一个个背到六楼的店里去泡脚，有的时候员工们都要出去宣传，店里的阿姨帮忙开门烧水。经过不懈坚持，我们才迎来一周年庆典。当时苦于没有资金，甚至一直在亏损，一周年的庆典现场非常简陋，员工和叔叔阿姨们一起吹气球，挂彩带，我清晰地记得自己都不敢上台讲话，一个是我自己不敢讲话，一个是我自己不会讲话，加之那时学历低，我根本不知道该说些什么。还好当时店里有两个从创业初期就一直支持我的阿姨，一个谷阿姨，一个陈阿姨。一个平时在店里帮忙，另一个有一些知识的阿姨就专门给我写稿子，让我去学习，锻炼上台讲话。

回想一周年庆典上台致辞的时候，我整个人除了嘴巴不动，其他的地方都在动。当时的我就逼着自己晚上坚持学习，这是我骨子里的

好强个性使然，要么不做，要做就一定要成功。慢慢地随着企业一步步发展，叔叔阿姨们也开始逐渐接受泡脚，从这之后，员工的数量才稍微有所增加。当时我就意识到，企业是慢慢成长起来的，绝不是一个人做大的。于是，我开始寻找同盟，并想办法用我的真心留住他们。

开创家访制度先河：每个员工都是我的孩子，我要和他们一起成长！

公司在成立四年半、五周年初的时候，已经开始取得稳步的发展，我从2010年的元月至2010年年底走了上万公里去家访员工的父母，风雪交加、寒风凛冽，从严冬到酷暑，一路艰辛、一路坎坷。说实话，不家访不知道，原来公司里有部分的员工家里的生活环境居然那么困苦。通过家访一方面，我想通过家访这样的形式去感谢这些员工的父母培养出这么优秀的孩子，另一方面，我也想给员工更大的发展空间，去更深入地了解员工的品行，看他们平时对父母是否孝顺，是否言行一致。

建立家访制度不单纯是一种形式，而是一种对企业、对员工都有意义的行为表现。创业刚起步的几年里，由于门店经营不景气，企业没有固定的经营模式，一切都是未知数，所以造成员工流失很严重，第一个原因是员工自身灰心丧气，产生了不信任的心理；第二个原因是员工的家属对我们持否定的态度，不理解、不认可。这让我不断反思，究竟应该如何做才能打破僵局，重新找回员工的自信，重新获得员工家属的信任。经过一段时间的思考之后，我决定建立家访制度，让员工的父母真正了解企业和孩子的工作性质。

有一次，我去拜访一名在店里刚工作几个月的员工家庭。她的父母知道自己的孩子在我们店里工作后，一直持反对态度，总是催促她换工作，甚至直接把她拽回家不许再来我们这工作。于是，我去了她的家里，这名员工的父母属于中产阶层家庭，每个月虽赚得不多，但足够维持生活。

当他们开门看到我来家访时，很不高兴，也很不情愿与我打招呼。我微笑着简短地说明来家访的原因，并开门见山地提出想听听他们的意见和想法。听了他们的一番话语后，我深知作为父母的一片苦心，归根结底，都是为了孩子过得好。于是，我斩钉截铁地说："您看到我本人了，您觉得我像个骗子吗？您给我一段时间，孩子再回来时，您看看孩子有没有变化。我一直都把我的员工当作自己的孩子，我的孩子跟您的孩子差不多，我知道怎么把孩子教好，而且一定不会让她受委屈，请您放心！"经过面对面地聊天，她的父母终于解开心结，决定让孩子再回去工作，磨炼自己。

经过一段时间的家访后，员工的父母更加相信我们，愿意让孩子在我们这里工作，从那以后，每一次的家访都成了我与员工及员工的父母亲人之间建立沟通和信任的重要纽带。

十六年来，我和我的孩子们、家人们一起披荆斩棘，克服重重困难，外树形象、内提素质，让员工们在华亚众盟这个大家庭不断地成长，同时也提高了他们的生活水平。也正是因为有了他们的付出与陪伴，华亚众盟才会发展到今天的1000多家店，2000多名员工，事业版图横跨18个省、2个直辖市、2个自治区。

那么，外树形象、内提素质指的是什么呢？

第一，外树形象。

7：38：55法则是西方学者艾伯特·马布兰（Albert Mehrabian）提出的黄金形象法则。它的意思是说，旁人对你的观感，7%取决于你谈话的内容，38%取决于你说话的语气以及肢体上的表现，还有高达55%来自你的外表和专业形象。

外表和形象，无论对创业者、企业家还是整个企业都至关重要，它是一个企业立足与发展的重要标志。因此，我除了对自己的形象要求非常严格，对自己的员工也如此，我要求他们一定要有职业化的标准着装与气质，因为他们是企业的形象代表。缺少专业的形象，就如同在告诉客户：“我们的服务达不到你的要求，我们的专业度不够，我们的职业素养不过关，我们的产品和服务不值得信赖。”这对企业形象的影响是难以预估的。

第二，内提素质。

企业的发展离不开一批有职业素养、才能卓越、技术精湛的员工。为了让员工综合素质有所提升，华亚众盟开展了专业的礼仪培训、法律法规培训、会计师专项培训，帮助员工在形象、职业素质等多方面进行改变。其中，华亚尤为重视对员工的情商培训，每年都会举办多场情商培训课程，华亚人的爱和笑就是这样一步步脚踏实地、内提素质培养起来的。

除此之外，我认为在员工所有应具有的职业素质中，“德行”最为重要，高尚的品德是每个员工必须具备的要素。“小胜靠智，大胜靠德”，拥有好的品德，在市场中才能占有优势，获得更多客户信任。在经营企业过程中，我也将德行作为我自己的做人原则，做人要老实、善良、乐善好施；做事要正大光明，不投机取巧；做企业要以真诚之心，行信义之事，使之长久发展。

寻找同盟：合伙打天下

最近几年，在社会大环境不断改变的背景下，很多企业准备利用转型为自己谋求生路。但在转型的路上，并不是所有的企业都一帆风顺，有的企业陷入危机，不知所措；有的企业停在原地，为寻找转型的出路苦不堪言，走了不少冤枉路。

在所有企业转型的原因里，我将其概括为两大类型：

第一类，预见式转型。

这种是比较罕见的，需要企业经营者拥有超前的预判能力和极强的战略洞察力。例如IBM就是赶在PC机还没有过时之前，趁热打铁，把PC业务以高价卖给了联想。这是很典型的一个案例，但在现实中，能够有这样远见卓识和预判战略想法的企业却十分少见。

第二种，被迫转型。

当企业遇到难以解决的问题时，被迫转型。这种转型是不得已而为之，让很多企业耗费不少资金，也很痛苦，但不转就会面临倒闭的风险。这是大部分企业转型的常见原因。

企业要转型、要发展、要成功，就势必需要吸引大量的人才，并将这些人才留住。但招揽优秀的人才也不是件轻而易举的事，尤其在今天这个时代，企业的发展已不能再靠原始的雇佣制和职业经理人的委托代理机制了。近几年，以万科、阿里、小米为代表的大企业纷纷引入了合伙人机制，很多中小型企业也顺势纷纷效仿。合伙人制度对企业的影响主要概括为：

1. 合伙制帮助企业解决人力资源部用人的问题，不再给所有人付钱，而只给对的人付钱；

2. 彻底守住了对企业很重要的核心人才；

3. 越来越多的优秀员工可以参与到企业内部的创业创新中，

这是从前的企业里几乎没有的现象；

4. 企业的重要职位终于有合适的人可接替了。

阿里巴巴的“幕后英雄”蔡崇信、腾讯的“关键先生”刘炽平等人就是著名的合伙人。这些人以前都是投资界的高手，但这样的高手是我们小企业请不起的，我们根本无法以年薪计算工资。因此，在这种稀缺人才的情况下，就要想办法把它变成联合创始人，通过直接分股份的形式，吸引越来越多志同道合的人一起打天下。所以，招募人才的方式不只是奖金吸引，也要善于运用股权。你可以根据你对合伙人的了解，决定是直接给他股份，还是期权。

其实，说到底，做企业就是三件事，找钱、找人、找方向。

哪个排在第一位?

做企业第一步是找准方向，只要方向是正确的，就会有追随者，然后再一起去找资金，这是一个长期的过程。例如，小米创始人雷军说，当初他定位小米的发展方向就是做手机，他分别找到了在诺基亚、摩托罗拉等世界级企业工作过的精英，这7人都是他的朋友，这也是为什么小米在成立之初就市值5亿，因为这7个人都是世界级的顶尖人才。所以，雷军先认准了方向——做手机，然后找到人才——7位高手，最后，公司估值5亿后再找钱。

可见，合伙制不仅让企业发生了颠覆性的变化，同时也给企业优秀的人才带来了可观的财富。万科总裁郁亮就曾说过：“合伙人有四个特点：我们要掌握自己的命运；我们要形成背靠背的信任；我们要做大我们的事业；我们来分享我们的成就。”

但是，世上所有的事有利就有弊。合伙人制度虽然给企业和员工个人带来了很大的改变，但从世界历史发展来看，所有以“合伙人”形式组成的同盟也好，组织也好，团队也好，最后的结果往往不尽如人意。很多曾经的盟友会为了利益、为了职位争得你死我活，造成两败俱伤。

因此，对于“合伙”，我们不能单纯地认为是金钱、利益上的合伙，**它“合”的应是信任、人品、人性、格局和规则**。但要找到一个完美、合适的合伙人并非易事。小米公司的创始人雷军说：“很多人都说，找合伙人太难了，但我觉得很简单，你找不到人只是因为你花的时间不够多。”随着华亚众盟员工总数越来越多，我也尝试开启了寻找合伙人之路。

我有幸在创业这条路上找到了自己的同盟。忆往昔，峥嵘岁月，数风流人物，还看今朝！时间是一把奇迹的钥匙，让每个脚印都坚实而有力量；岁月是看不见的年轮，让每次付出都收获希望的果实。回首华亚的光辉历程，十六年励精图治的背后有着一代又一代华亚人同甘共苦、奋力拼搏的身影。

江山代有才人出，被誉为“华亚五虎”之一的连君桂总裁，可以说是一位具有传奇色彩的人物，他已经跟我走到了16个年头，为公司作出了很大的贡献，他不仅创立了“亮剑团队”，而且是第一个开拓太原市以外的省内市场的人，为公司全国业务的发展奠定了坚实的基础。

连总经常说的一句话就是：只要不放弃，就会有希望！这让我在创业中深深地体会到，企业无论是成长还是转型，都需要合伙人及员工们的合作带动，而不能仅靠老板一个人的力量。寻找自己的同盟，并让他们成为真正的“合伙人”，与他们共进退，最终才会形成具备最强战斗力的团队。

十六年风雨兼程，华亚众盟不断向前，从创业到辉煌，从起步到远航，时间的沉淀见证了一家企业的发展。这其中少不了一位“时间的证人”——华亚众盟副董事长张巨龙。他说如果非要用一个词来形容自己，那么他认为应该是“忠诚”——这是部队生涯给予他的生命底色。多年的军旅生涯让他明白，忠诚、使命和执行力是一名军人的生命。而作为大健康行业的践行者，华亚需要有军人一样的向心力、执行力和战斗力。

十年跌宕起伏，只因初心未改；十六年的坚守，与华亚风雨同舟。在一次次完成使命最终回到总部后，张巨龙副董事长一方面受命组建运营督导部，另一方面成立全国市场运营发展中心，负责华亚众盟全国市场的运营、筹划、发展以及巩固。我常笑说，张巨龙 “就像革命的一块砖，哪里需要哪里搬”。十六年来，张巨龙的职位调动是最大的，他是骁勇善战的“五虎上将”，曾立下赫赫战功；他是“华亚敢死队”的重要成员，为集团开疆扩土；他拥有多项头衔，却一直低调行事，淡泊功名利禄。虽然他的头衔很多，但他总说不是很看重这些名号。至此，我想用任何华丽的辞藻都不足以用来形容这位“铁血”总裁，一句“淡泊以明志，宁静以致远”足矣。

华亚众盟全国运营总裁王志强，加入华亚众盟已有十年。最初未到华亚之前的王总是一名外科大夫，身负着治病救人的责任与使命，每天的生活在接诊与手术中不断奔走，可没过多久他便陷入了迷茫，手术室——这个最接近新生与消亡的地方，他见证过生命的逝去，感受过竭尽所能却无力回天的悲哀，也是这时候王总有了新的想法，对治病救人也有了新的看法，渐渐明白了“预防疾病远比治疗疾病更加重要”。

在一次机缘巧合下，我与王志强相识，在一番沟通后，我发现我们两个人的价值观惊奇地一致，甚至可以说是志同道合，在进一步了解华亚企业文化的过程中，“孝行天下，爱佑万家”的企业核心文化深深地打动了王志强的心，经过深入交流、探寻后，王志强发现这并非只是一句口号，而是实实在在地落到实处，是真真切切地为中老年朋友的健康生活服务的企业，而这正是他所梦寐以求的工作。

2010年王志强辞去了原本的高薪工作，加入了华亚这个大家庭，从基层员工开始，发奋图强、拼搏进取，王总对员工们说：“要么不干，要干就干得最好，不管走到哪里，一定要用实力证明自己的价值”。为了能够更好地服务于市场，扩大团队建设，王总开始研究华亚是如何传承孝爱文化，又是如何能够让年轻人认同并加入这份事业当中，如何在更多的社区开设店面，让更多的中老年人感受到家一样的温暖、子女一般的照顾，这一干便是十年。

健康行业是一个需要用爱呵护的事业，只有发自内心的热爱，才能把一件事做好。在这点上，华亚执行总裁焦海刚是典型的代表，而他在华亚更是一个典型的存在，因为他家姐妹四个人及一众亲属都在华亚工作。他的姐姐焦海娟毕业于山西医科大学，在她看来，疾病预防大于治疗。她在医院实习期过后，就经同学介绍进入了华亚，因为医学知识深厚，工作第一个月后焦海娟就被评为了优秀员工。焦海娟现任华亚众盟市场总裁，十年回首，往事历历在目，走出大学校门，从青涩的学生到奔波职场的女强人，从企业基层员工到身居高位要职，这个过程步履艰辛，汗水与泪水的交融才有了今日的辉煌。

看到姐姐事业做得这么好，焦海刚也跟着来到了华亚，由于目标明确，每天工作都很积极，端泡脚水、发传单、打扫卫生，每天过得都很充实。由于客户大多是老年人，儿女不在身边，所以他们还经常主动帮老人做一些力所能及的事情，修水管、换灯泡等。通过一个月的努力奋斗焦海刚获得了高度认可，三个月就当上了店长，但用焦海刚的话说，那个时候最开心的事不是当上了店长，而是真正找到了自己的价值，明白了工作的意义。焦海刚说，你能看到中老年人在华亚获得了健康和快乐，看到他们发自内心的笑容。所以，华亚的孝爱文化不仅影响着每一个客户，也影响着每一个人，他们是为爱而生、为爱而拼。有了爱，就有了责任，焦海刚开始学习健康行业知识，提升管理能力，并自学完成了焦海娟五年的医学本科课程。焦海刚通过自己的努力，为客户带来更多专业的健康指导。他从一名普通员工到公司管理层，其成长被家人看在眼里，更多的人从老家走出来，追随他进入了华亚。就这样，他们组建了一支优秀的团队——天翼团队，我们现在也习惯称之为“焦家军”。焦家军开辟了太原市场，并成功拓展了原平和内蒙古两大新市场，把华亚的孝爱文化传播到了更多地方。

长江后浪推前浪，河北石家庄“三剑客团队”，在历经十一年的风雨同舟之后，在石家庄市场四位领导——李宏林、谢箐、李芳军、刘军的带领下，“三剑客团队”创立了华盟一个又一个传奇。

目前，李芳军是华亚众盟全国营销总裁，为实现走出大山的梦想，他努力学习，考上理想的大学，毕业后，来到华亚众盟，至今已有十一年之久了。没有豪言壮志，没有得失计较，在创业的过程中，李芳军和团队经历了无数的困难与挫折，但他们并没有因此气馁。芳总常说:“做一个梦想家，不如做一个实干家。”多年来，为了使市场发展壮大，芳总经常亲自奔赴一线市场，指导市场的运营发展，同时也不断磨炼自身，提升各项专业技能及管理能力，凭借自己的努力实现了巨大成功。作为华亚众盟“三剑客团队”的“引领者”之一，多年来，芳总带领团队奋勇向前、拼搏进取，创造了一个又一个的奇迹。

在华亚人创造奇迹的过程中，有越来越多的人加入我们的大家庭。2006年，刘彦加入公司，在华亚众盟的平台上通过锻炼，一个月的时间当选店长，一年的时间独立去开拓晋城市场，在市场的运作中虽然碰到了很多的坎坷，但也让她学会了很多。2015年，为了公司更好的发展，她放弃优越的环境、成熟的市场，只身一人去到了内蒙古呼和浩特，挑起了华亚众盟的健康旗帜，开启了一段的新历程，通过五年的发展，呼和浩特市市场逐步壮大，已经成为华亚众盟中坚力量的一分子。

成长、爱心、忠诚、坚守 、蜕变、升华，这十二个字是白文菊在华亚十四年每个阶段对自己的总结。跟随华亚众盟十六年，她曾不被相信、不被认可，从最开始瞒着父母到公司上班，到一心一意跟着公司，踏踏实实做着华盟事业。十六年间，她从一个不起眼的员工成长为华亚众盟高管之一；十六年间，她从一个单身小女孩到找见了自己心仪的爱人，拥有了幸福的家庭，因为她亲自见证着华亚众盟的风雨历程，亲身领悟和传递着孝爱文化。她总说，华亚承载了她的梦想，她有幸都一一实现！

俗话说：感恩做人，用心做事。现任华亚众盟党支部书记关必武于2008年来到华亚众盟，来公司十六年时间，在华亚众盟的平台上，把自己的价值发挥到了极致，从最初的一线员工，逐渐崭露头角，先后从事助理、人事、培训、公关、招商等工作，现如今已经成为公司不可缺少的得力干将。他心向党组织靠拢，在2010年成为了一名正式的中国共产党党员，同时积极响应党的号召，充分发挥共产党员先锋模范带头作用，带领华亚众盟实现产业报国，于2018年正式成立华亚众盟党支部。

最后，我能走到今天，还离不开一位从2006年就开始陪伴我创业的人，如今已陪我共度近十五年风雨，她就是现任华亚全国财务总监白树花。十五年来，她严于律己，工作兢兢业业；财务上真正做到了精打细算，毫厘不爽。十五年的工作实践使她清醒地认识到：财务工作对公司正常运转的重要性，事无巨细，毫不懈怠。由于她的运筹帷幄，我们华亚财务系统组织结构越来越健全，公司内部财务管理不断地完善，各项财务战略有条不紊地一一落实。我可以毫不避讳地说，她为维护华亚众盟利益及规避市场风险做出了重要贡献！

正所谓一群人、一件事、一辈子、一起走。很多人看到的只是走在前面的我，其实在我背后还有无数个默默无闻的无名英雄从始至终支持我。经过了十六年的风风雨雨，今天我终于明白，不是王者无畏，而是因为有了这群可爱的伙伴们，我才能勇敢前行。篇幅的关系，我没办法在此一一点名感谢各位，但在我心中，你们是华亚永远的英雄，也是华亚未来璀璨星空中永不落幕的星辰！

成功还是失败，机遇抑或挑战，在这瞬息万变的浪潮中，在这荆棘密布的道路上，总有人正阔步向前，畅快遨游，血汗化为方向为迷途者指引前行，决心坚定为后来者开拓道路。

在漫漫征程中华亚人流过泪水也有过欢乐，每个华亚人秉承着“永不放弃，付出到底，直到成功”的精神，于逆境中寻契机，在变局中创奇迹，始终坚守践行“传播健康文化，创造生命奇迹”的使命，不断开拓华亚众盟新的市场，让更多的人在华亚这个平台上实现自己人生的价值，以孝爱文化引领发展，坚实打造中老年人“家门口的家”服务平台，使华亚走上更加辉煌的未来，为更多的中老年人送去了健康和欢乐，把华亚众盟的孝爱文化发扬光大，并传播到更远、更多的地方。

岁月不居，映照的是进取者的脚步；光影无声，定格的是奋斗者的身姿。未来，我和我的盟友们依然会用实际行动诠释责任与担当，在实干中挥洒汗水与热血，在奉献中砥砺前行。

仲妈陪伴心语

稻盛和夫曾说：“我们一起拼搏，一起幸福。如果能收获成果，就共同分享劳动果实。这是我年轻时的梦想，这也是我经营公司的方式。”以前，创业者总是顶风前行，独自承担所有困难。如今，我们身处在这个合作共赢的年代，合伙打天下才是企业家的明智之选。我坚信，认准了一件事，一起去做就完了！成功的脚下，凝聚着艰辛；荣耀的背后，离不开所有人的支持与关注。未来的路很远，既然选择了前行，就无惧风雨前程！

2.4　模式探索：陪伴式服务模式，打造家门口的家

随着一系列的养老问题逐渐凸显，“养老”不再只是单纯的社会问题，它已经融入每个家庭，每个人都需要思考如何养老，怎样养老。

在看清了方向，找到了志同道合的盟友以后，本着“用孝心做服务，用爱心做产品”的理念，我开始了新的探索之路：**究竟什么样的服务模式才是当代中国的老年人最需要的？**

其实，我自从开始接触为老年人服务这个圈子，脑海中时不时地就涌现出十几年前母亲带我去探望一个远房亲戚时的情景，亲戚家的奶奶病重卧床，依靠镇上的医生每日上门吸氧、输营养液度日，亲朋好友自发排班轮流看护奶奶。每当奶奶清醒的时候，就和身边的亲人说自己就在家里待着哪都不去，安安稳稳地让家人陪着走完生命的最后一程。

亲戚这一家人的确做到了，满足了奶奶的心愿，每天陪伴在侧，真的很了不起。如今回想起来，我才渐渐明白，所谓落叶归根、故土难离，落的不是缤纷精彩的外面世界，而是家里那熟悉、亲切和温暖的环境。

当人口老龄化与独生子女碰撞，中年危机与家庭解体现象凸显，难以想象社会能否承载即将到来的巨大且多样化的养老问题。据世界卫生组织调查，居家养老和周围环境相融，延续以往的社交网络，有助于老人身心健康，目前已发展成大众首选的养老模式。如今，无论

是传统的居家养老服务还是保姆式养老服务，都难以满足老年人不断变化的个性化需求。在传统居家养老中，老人生病不能及时知晓已是常态，对于患有慢性病的老人，一旦出现意外很难及时回应，诸多隐患让子女更倾向选择养老院的养老模式，但只提供简单的吃饭穿衣服务的养老院服务无法更多满足老人的精神需求。

未来居家养老模式探索

我们不得不承认世界正在加速老化，随着人们生活水平的提高，人们的寿命普遍延长，尤其是在日本、意大利等发达国家，60岁以上的老人比比皆是。我在日本游学期间发现，虽然日本老人很多，但养老产业已经和商业机构、政府几经磨合，建立了相当成熟完善的服务产业，形成如下三个层次的养老保险产业机制：

第一层：基础年金，又称为国民年金。在日本，年龄在20～60岁之间、拥有居住权的居民都必须参加国民年金保险。

第二层：和收入就业相关的雇员年金制度，根据加入者的职业不同分为厚生年金和共济年金。厚生年金是指覆盖5人以上的私营企业职工的年金，而公营企业职工、农林渔团体雇员、私立学校教职工和国家、地方公务员等参加的年金则统称为共济年金。

第三层：可任意加入养老保险，主要指公司养老金或私人机关经营管理者的职业养老金，包括适格退职年金、国民年金基金、厚生年金基金等。

日本实行“三层并行”机制，让所有居民都能找到契合自己的养老保障。日本为65岁以上的老人提供了三种形态的养老方式：

第一，日式养老院。

日本养老设施分为健康恢复型、疗养型、短期居住型、长期居住型等。日本政府在全国范围内建设有约3700处老年疗养医疗设施和31000处康复型养老设施。

日本政府特别重视养老设施的细节，例如配套餐饮、服务和看护人员培训、住宅居室设计等。由于每一个专业问题都会深入到细分领域，主办方通常会把这些细节外包给更专业的公司。所以随着养老社会化建设的发展，带动了一大批“老人企业”发展，催生了养老院经济产业链。

第二，居家式养老。

在日本，老人是最富有的群体，国家50%的储蓄都掌握在65岁以上的老人手中。养老院选址多为郊外，亲人探视不方便，老人也会产生被遗忘的心理。因此，日本养老中心逐渐向居家养老发展。2000年，日本开始实施护理保险制度，主要提供包括上门洗浴、护理、日托等居家养老服务。

第三，社区互助。

日本横滨有一个名为“互助·泉”的社区组织，他们在调查中发现很多残疾人和老人存在“吃饭难”的困境，为了解决这个问题，组织开始开展餐饮配送服务，专门建立了一个制作场所，售卖廉价便当。同时开展“接送服务”，那些行动不便的残疾人能够乘坐专车走出家门。这种公益性强，扎根民间的非营利性组织有很多，他们能够快速抵达政府触及不到的地方，有迫切需要帮助时第一时间找到解决之道。日本在1998年颁布了《特定非营利活动促进法》，积极促进协助这些民间组织发展。

日本是目前老龄化最严重的国家，约有四分之一人口是65岁以上的老人，比中国提前29年进入老龄化社会。通过长期实践，日本在社会保障和老年福利方面取得不错的成绩，相关居住建筑都设有配套养老设施，养老模式逐渐从机构型向家庭型过渡，的确值得我们学习。除了日本，西方国家的某些养老经验也值得我们借鉴。

经验一：充分考虑老人的全面需求。

综合来看，老人需求包括经济提供、医疗护理、生活照顾和精神慰藉四个方面。西方国家的居民普遍收入较高，医疗体系和社会保障制度完善，医疗护理和经济条件有保障，关注重点在精神慰藉和生活照顾方面，尤其是越来越重视精神慰藉。

经验二：建立不同阶段、层级的养老模式体系。

由于老年人的经济能力、个人喜好、身体状况不同，采取的养老模式也不同。有的老人喜欢热闹的集体生活，有的人喜欢独居清净，有的人喜欢收藏、旅游，有的人希望继续工作实现自身价值。所以，我们要根据老年人个性化的需求建立不同的养老模式。

经验三：规范养老服务，实现标准化管理。

西方发达国家会在老人入住养老机构前先对老人进行分级。因为老人容易出现意外，所以养老服务是高风险行业，很多投资者都望而却步。通过出台明确的标准，在保障养老服务质量的同时规避了人员和养老机构的风险，为社会力量参与养老服务排除顾虑。

经验四：居家养老是国际趋势。

以前，欧美国家大多采取集中供养老人的方式解决人口老龄化问题。例如建立敬老院、请护理员等。虽然设施齐全，照料周到，但随着人口老龄化不断加剧，机构养老阻碍了老人和亲人之家的交流，情感缺失严重。居家养老可以满足老人在原有的居住环境和社会关系中生活的心愿，子女会在休息时过来照顾老人，满足老人的情感需求。从成本来讲，居家养老充分利用家庭、社区资源，降低养老成本，衍生的居家养老服务机构会提供专业的服务，保证老人的生活质量。如今，居家养老已成为欧美等地区，老年人首选的养老方式。

经验五：发挥政府的引导和保障作用。

起初，西方国家政府的养老服务只限于保障残障人士和孤寡老人，随着养老政策的发展，养老服务囊括的范围越来越广，社会力量在养老服务中比重增加，但这并没有削弱政府对困难老人的保障力度，反而促进政府强化保障功能。目前，英美等国家都建有大量福利机构，专门接收孤老、生活困难的老人，保障他们的生活。

经验六：调动家庭和社会力量的积极性。

养老具有社会属性，是社会的共同责任，在整个养老过程中，家庭、政府、社会都发挥着不可估量的作用。现在人们独立意识越来越强，家庭观念逐渐淡化，多数老人和子女是分开生活的。但随着老人情感需求增加，家庭成为社会最重视的单位。有的国家已经开始为因照顾老人不能工作的家庭提供补助，或增加弹性工作的机会。除此以外，社会上还有志愿者、慈善机构为社会养老事业贡献力量。

经验七：重视信息化建设。

在信息技术加持下，老年人的监护和养老服务质量得到了全面升级。例如，美国推广的紧急救助系统就很方便，该系统用来监视老人家中的情况，并记录他们的行为，如果家里长时间没有声音或传感器显示门锁一直紧闭，系统就会自动报警，家人可以通过屏幕查看老人的情况，和老人沟通交流。

由于各个国家的国情不同，面临的问题和解决的方法也不尽相同，我们在借鉴经验之余，更应该寻找一个具有中国特色的老年服务模式。

陪伴式服务，给顾客更多体验感、仪式感、幸福感

百度董事长兼首席执行官、全国政协委员李彦宏在2021年全国

两会上提案建议，加快推动智慧养老进社区。李克强总理也曾在国务院常务会议上提出，当前我国大多数老人的养老方式依旧是以社区为依托的居家养老，居家养老符合现阶段中国的发展要求，也符合中国人的传统习惯。但要在这个基础上加强养老行业的创新，以需求为向导，旨在提升中国老年人的生活质量。

2021年3月25日，李克强在考察江苏常州某社区时，重点考察了养老服务站等服务场所。他认为，扩大养老服务发展的关键是要调动社会力量参与，开发适合老年人的养生、旅游等服务。鼓励企业多开发优质的老年产品，加强社区养老设施建设，让老人感受到“家”的温暖。

我开始思考，什么才是家的温暖，这个问题又回到了开篇的故事。**无论老人处于什么样的状态，只要在家就少不了家人的陪伴与关爱。如果能打造出一个陪伴式服务模式，既能满足老年人对“家”的心理需要，又能满足老人的子女对老人“安全”的需要。那么，这样的陪伴式服务模式便是给老年人打造了一个家门口的家——一个有亲情味的家、有情感的家。**

华亚人将孝爱文化根植于心，以贴心服务为桥梁，以健康产品为纽带，为中老年人提供爱的陪伴，打造专业的中老年人“家门口的家”服务平台，尽心尽力为客户提供“亲情式、航空式、110式”的贴心服务和爱心关怀。

每个生命都应该被呵护，在养老问题上我们不去定义人的好坏，不测评过程是否值得，有时需要的是放下，放下工作减缓节奏，耐心地用爱去陪伴老人。在爱中，大家彼此陪伴，互相表达，促使老人身心健康快乐生活。

在爱与陪伴的过程中，主要有理解、无条件积极关注和全然接纳三种表现形式。陪伴者要积极感受被陪伴者的当下情绪，与被陪伴者交流你对他的理解。

从心理学的角度而言，陪伴的过程中会产生一种“共振现象”——我们平时和乐观开朗的人共事，自己在遇到问题时也会乐观面对，心胸开阔自然迎来好心情，这就是最普遍的“共振现象”。同理，在我们陪伴老人的过程中，如果老人难过，我们以真诚、包容、开放的状态和老人沟通，他们也会逐渐高兴起来。

爱的陪伴其实很简单，这种模式只是——

做就好——给老人更多体验感。立刻开始行动，在服务过程中体会陪伴的乐趣，同时放空自己，让自己用最轻松的身心和老人在一起，让老人跟随我们一起放松，享受当下。

在就好——给老人更多仪式感。让老人有被关注、被重视的感觉，这不是做戏的敷衍了事，而是要真正喜欢和老人在一起，让老人在满满的仪式感中收获温暖与感动。

爱就好——给老人更多幸福感。全然接纳老人的一切，无论是好的还是坏的，要从心底做到真正地爱老人，像呵护幼儿一样呵护老人身心健康，让老人在爱与陪伴中体会幸福的真谛。

而在具体的服务过程中，以下几种爱与陪伴的方式，会唤起爱的流动与共振：

第一，平静地注视，打开心灵之窗。

都说眼睛是心灵的窗户，我们要运用好这扇窗，传递幸福。首先我们让自己平静下来，默默地对自己说：“谢谢你，我爱你。”

然后端坐，平静地注视老人的眼睛，真诚地说出“谢谢您，我爱您。”老人感受到被真诚的爱包围，目光也会随之柔和，身体逐渐放松感受不一样的温暖。如果说老人不适应目光注视，可以调整交流的距离，或者选择其他方式交流。

第二，用心倾听，做老人内心深处的知音。

想要做到用心倾听，首先要放开自己，抛去自己的所有情绪，接纳老人的状态，认真地做一个倾听者。无论老人说什么，说了几遍都要像第一次听到那样认真，让老人感受到情感被认可、被关注、被聆听。

需要回应时可以选择老人能理解的内容话语安慰老人，宽解他们的内心。

第三，同频呼吸，和老人同呼吸共命运。

呼吸是两个生命连接最方便的方式之一。陪伴者首先要观察老人的胸腹起伏，口鼻张合，感受老人呼吸的频率，适时地调整自己的呼吸频率与老人一致，认真地感受老人的生命状态，全然地接纳老人的状态，慢慢地调整自己放缓呼吸，你会发现老人的呼吸频率也会跟随你的频率改变而变化，与老人共同体会内在的安宁。

第四，经典诵读，用人类最初的文明净化灵魂。

经典是永存不朽的，是人类文明的精华所在，蕴含着无限的能量与智慧。通过和老人一起诵读经典作品，感受作品的美好与人类文明的源源流长，唤醒生命中对爱的渴望，消除对死亡的恐惧感，引导老人用积极的态度迎接每一个朝阳。

第五，音乐沟通，通过声音与能量调频。

音乐是世界通用语言，每个生命都能感受音乐的美好。通过和老人在一起合唱、演奏、聆听，感受旋律之美，老人会达到质变，超越对生命的认知。

可以根据老人情绪的不同，选择与其心绪相符的音乐，如果实在无法拿捏究竟选哪个，就放一些舒缓、宁静祥和的音乐。

第六，抚触沟通，适度的亲昵拉近心的距离。

肌肤相亲是人类表达关爱与亲密情感最直接的方式。

陪伴者首先要征得老人的同意，清洗好双手后把手的温度捂到与体温一致，然后动作缓慢地抚触老人的身体，根据老人的反馈及时调整抚触部位，避免碰触老人的敏感部位引起不适或尴尬。

第七，动态沟通，身心全然地融通在一起。

动态沟通就是要动起来，陪伴者可通过简单的肢体活动、舞蹈或者游戏等方式与老人一起互动。在活动中彼此放开身心，身心轻松的氛围会让老人放松，收获快乐。

第八，"三不"原则，放下心中的成见。

陪伴者在陪伴老人时应反复告诫自己"不分析、不评判、不下定义"。

我们要放下心里所有的成见，全然接受自己、老人和外在世界的一切状态，没有诉求，而是默默地、安静地、耐心地陪伴老人。

第九，承担责任，爱是生命意义。

陪伴者在陪伴老人时要默默地对老人和自己说："对不起、请原谅、谢谢你、我爱你"。

我们对所有生命共同体承担责任，对生命表示敬畏、臣服、感恩、爱与忏悔，陪伴者首先要确定自己的内心是平静的，然后开启充满包容与爱的陪伴之旅。

第十，同频共振，理解并接纳老人的全部。

所谓和老人同频共振就是要理解并接纳老人，让老人感受到你和他属于同一频道，能够和他一起产生共鸣。例如，和老人同唱一首歌曲，跟随老人的四肢做同样的动作，讨论老人感兴趣的话题等。

在与老人同频共振的过程中，陪伴者愉悦平静的内心会慢慢地影响老人，让老人感受到爱与接纳。总结起来，这是一个串联的"安"理论——"自心安则老人安，老人安则家庭安，家庭安则社会安，社会安则国家安，国家安则世界安。"让爱与陪伴成为生活中的常态，爱不只是全部的给予，也是全部的接纳，通过陪伴让生命与生命连接更紧密，感受到爱的流动。

模式有了，方法有了，实践起来却并非易事。贾金鹏是华亚众盟三剑客团队邯郸市场负责人及市场经理。2017年2月17日，贾金鹏来到华亚众盟，单纯想找到一份工作的他，却没想到自己的人生因此发生了巨大的转变。最初的他第一次接触这个行业，内心的迷茫，对行业的不了解以及认知的误差，使他对华亚抱有迟疑，并不理解店里的老人们与员工之间亲如家人的关系。直到他进入第一家店面，当他将一盆沉甸甸的泡脚水端给店里的叔叔阿姨时，那一张张慈祥的笑脸，一声声真挚的感谢，在无形中触动了他的内心，使他对华亚产生了期待。

图2–7　华亚线下门店的泡脚服务

在工作中通过观察以及同叔叔阿姨们的接触，贾金鹏对华亚的孝爱文化有了更为深刻的理解，也明白了华亚人肩负“传播健康文化，创造生命奇迹”的使命。

华亚众盟也为贾金鹏提供了广阔的创业平台，贾金鹏连续开设几家新店，但一开始成绩却并不理想，不愿就此放弃的他凭借坚持不懈的斗志，持之以恒的毅力，最终苦尽甘来，获得了叔叔阿姨们的喜爱与支持；自己的爱人也在一年后加入了华亚温暖的大家庭中。

父亲突然的重病让贾金鹏担心不已，恰好公司因业务扩大开放外地市场，为了能够更好地照顾家人，贾金鹏审时度势回到家乡邯郸，为华亚众盟邯郸市场添砖加瓦。面对全新的挑战，贾金鹏遇到过迷茫，经历过坎坷，同领导在策划方案上也产生过争执，由于人手的不足，叔叔阿姨们的不信任，使贾金鹏在无比艰难的日子里举步维艰。新冠疫情的突然暴发让贾金鹏在家中静下心，逐渐从当时的发懵状态中脱离出来，于困局中认真思考自己真正所想达成的目标，并从中寻找到新的转机，归根到底还是一直困扰着的问题“到底是做一个店还是一个市场”。成功的人士总能找到正确的答案，2020年贾金鹏在逆境中寻契机，在变局中创奇迹，用了一年的时间从最初的一个店面开辟到十个店面，从三四个人发展为如今三十人左右的小团队，赢得了叔叔阿姨们的认可与信任，完成了一次质的蜕变。

越来越多的华亚人开始懂了：发展道路上要心有定力，方能行稳致远；要怀揣毅力，方能驰而不息；要练好脚力，方能圆梦前行。人生的旅途，总有人不断地走来，有人不断地离去，在匆匆的旅途中，在不断地相遇和错过中，总有一个地方会给予你家的温暖，给你贴心的陪伴与祝福。

华亚众盟的最终愿景就是要立足于大健康产业的平台之上，做全中国健康行业的标杆，做最受人尊重的企业，成为老年人走进来就不想离开的乐园，我们要把服务送到顾客的家门口，让顾客既能够获得健康，收获快乐，还可以在华亚完成生活必需品的采购，为顾客节约时间，真正实现居家养老！

仲妈陪伴心语

人生在世，无非爱与被爱。

人与人相处中最多的美好时光，是默默陪伴。

有人的地方就不乏爱与陪伴，如和风细雨般沁入心田，蕴藏着消融隔阂的力量。

我存在，看得见你；

我存在，不抗拒你；

我存在，全然接纳你；

我存在，理解你的存在。

只是有时候，我们偏离了本来最自然的状态，只看“爱与陪伴”这四个字，貌似容易让人不知所措，所以，我们更需重新思考它的存在，找到最好的模式践行爱与陪伴。

在人生的道路上行走，寻一份浅浅的相遇，生命脆弱短暂，时光却让我们相逢，人际间的缘分，化作生活中的邂逅，为寂静无声填补出欢声笑语的幸福，简单的陪伴，使岁月多了一份关怀，少了一份寂寞。

成功之路，并非一帆风顺，荣誉铸就，并非纸上谈兵。辉煌的背后是无数汗水与努力的堆积，是温暖的陪伴与周到的服务，是一盆盆热腾腾的泡脚水，是每一天灿烂的笑容，是顾客信任的交付；欲戴王冠，必承其重；欲攀险峰，必经万险；正是坚持不懈的毅力，才能最终成就傲人的成绩。

第三章

亲情式服务：用人心温暖人心，重构极致体验感

亲情式服务是一种应用于医疗行业的新型服务方式。它起源于21世纪的西方发达国家，常采用亲情式的服务理念，以患者为中心打造舒适、和谐的医疗环境，使得医患关系更融洽，让患者可以享受到家庭般的温暖。

亲情式服务的初衷是为了更好地服务于患者，让患者早日痊愈，所以，亲情式服务模式的实施与持久性发展，离不开两个必要条件：一是精湛的医疗技术，二是拥有良好的服务作风与态度，二者缺一不可。

虽然我们的父母不是躺在医院病床上的患者，但他们同样需要体贴入微的生理方面的护理和心理方面的疏导。如果一家大健康企业，仅有精湛的技术，没有和蔼善良的态度、细致的作风相互配合，就难以达到让老人身心健康、愉悦的预期效果。

所以，亲情式服务就是对待所有顾客就像对待自己的父母、亲人一样，用专业的服务技能和温暖人心的极致体验，全心全意为老年人的身心健康服务。

3.1 亲情式服务：服务是爱人的过程，把顾客当成自己的父母

稻盛和夫在创办京瓷后将“敬天爱人”四字作为社训，并作为自己一生最为信奉的经营哲学。稻盛和夫认为“敬天爱人”的具体内涵就是“敬奉天理，关爱世人”。据我观察，许多杰出的企业家都是心怀大爱之人。我在创业后才渐渐明白，一家企业的发展永远不会超越企业家的格局和眼界，企业家的心中装下多少人，他的企业就服务于多少人。从这个角度而言，服务也是一个爱人的过程，企业家心有大爱，企业才有大未来。

很多人总是把顾客视为“衣食父母”，但却是从自身利益出发，总想着顾客能回馈给自己多少利益。如果换个角度思考，我们自己应该先做到真正把顾客当成自己的父母/亲人一样对待。虽然我们与顾客并没有血缘关系，却能视对方为自己最亲近的人，这其实就是一种超出了血缘亲情的大爱。受到这一思想的启发后，我一直尝试着将这种“大爱”融入企业、融进服务，所以才有了孝爱文化，才开创了亲情式服务模式。

我发现，一个人是否带着对“亲情”的理解、体验和心理反应去

为他人服务，结果是截然不同的。在《辞源》中，“亲”字的含义是指有血缘关系或血统关系最接近的；“情”就是感情，是一种内心体验和心理反应；而“服务”是指为集体或别人利益或为某种事业而工作。由此延伸开来，“亲情”就是指对有血缘关系或血缘关系最接近的人的一种情感内心体验和心理反应。从心理学的角度来解释，我们每个人在见到自己父母或亲人时，内心所表现出来的情感通常是亲近的、喜欢的，反映出的情绪是激动兴奋的，表情是开心的，语言是积极主动的，行为上完全是发自内心愿意的，这与我们见到陌生人时的自我防御心理是有很大差别的。那么，如果我们能用“亲情”的内心表现和心理反应去服务于顾客，而非像对待陌生人那样“冷漠”，结果是否会完全不同呢?

亲情式服务：以心暖心，就像对待自己的父母一样。**亲情式服务，即以亲人之间彼此牵挂、互相关心、爱护的情感为出发点去接近顾客，通过对顾客的生活便利、身体健康、心理感情提供帮扶性的服务，表现出对顾客各方面的关爱，使顾客感受到被家人一样呵护的温暖，从而逐渐赢得顾客的好感与信任。概括成一句话就是，对待顾客像对待自己的亲人（父母）一样。**

由于我们这行接触的主要是中老年朋友，因此，我经常提醒员工：要像对待自己的父母一样对待老人。

我们可以从以下两个层面更透彻地理解亲情式服务的精髓：

第一层，从狭义上理解，在服务中融入亲情式服务模式，意味着员工在面对陌生的顾客时也能用“亲情”的内心表现和心理反应去对待顾客，这会为员工与顾客之间创造一个和谐、友善的服务环境，从而为顾客创造一个温馨、亲切的消费环境。这样的消费场景对于陌生的顾客而言，是高标准的、有人情味儿的。

第二层，从广义上理解，亲情式服务要求员工像对待自己的亲人一样对待顾客。这种超越了血缘关系的服务源于心中的大爱，从这个角度来说，这种更贴近顾客心理的亲情式服务是高尚服务的内涵，也是契合当代社会服务的精髓。

然而，想真正做好亲情服务却非易事，这需要员工在服务的过程中用心给予顾客三种亲人般的爱：

第一种，无微不至的爱——“在家里我们总是能享受到来自父母体贴入微的照顾”；

第二种，无处不在的爱——“无论走到哪里，父母给我们的精神上的支持都不曾远离”；

第三种，无条件的爱——“父母总是甘于为我们奉献一切，他们的爱是无私的、无条件的”。

亲情式服务的最终目的，是让顾客身心愉悦，体会到家人般的温暖，上述三种爱人的形式构成了亲情式服务的完整服务体系。

亲情式服务的展开对服务人员的素质有更高的标准和要求：

◎ 灵活的处事能力和娴熟的服务技能；
◎ 诚挚的爱心、爱岗敬业的责任心和强烈的主人翁意识；
◎ 有发自内心的尊敬和关爱；
◎ 倾注亲人般的热情和无微不至的照顾；
◎ 让顾客感受到家一般的温馨和归属感；
◎ 让顾客享受亲人般照顾所带来的愉悦。

可以说，亲情式服务恰到好处地诠释了“大爱”——这一大健康行业的服务宗旨。如此温暖而有人情味儿的服务，顾客怎能不喜欢、不光顾呢？

曾经有一位快80岁的庄奶奶是我们的老客户。起初，庄奶奶身体还不错，腿脚灵活。后来一次意外，庄奶奶的健康每况愈下，为避免庄奶奶再次发生意外，我给她的儿子打了一通电话，建议由专人在家照顾庄奶奶，没必要再去门店。结果她儿子解释说是庄奶奶自己不同意，坚持要去店里泡脚。我很好奇，是什么原因让庄奶奶如此乐衷于去门店泡脚？

直到有一天我去巡店才解开了谜底。原来，庄奶奶的儿子平时在外地工作，很少有机会回家。庄奶奶家里也没有其他亲人照顾，一个人在家实在憋闷。所以，庄奶奶几乎每天都到门店去从早坐到打烊，泡脚之余还能和店里的其他老人谈天说笑。该店的服务人员小张怕庄奶奶年纪大一个人从门店走回家不安全，于是在庄奶奶泡完脚后，小张只要有时间几乎每次都亲自送庄奶奶回家，并且每次去都会帮庄奶奶做一些力所能及的家务再走。庄奶奶知道下班时间路上堵车不好走，经常劝说小张不要再送她了。但小张觉得相处得久了，庄奶奶就像自己的奶奶一样。问及小张缘由，原来是因为庄奶奶有一次做完饭忘记关煤气，好在有惊无险。也是从那时起，小张就养成了每天下班陪伴庄奶奶回家的习惯。

到庄奶奶家的第一件事是给奶奶烧一壶开水留到晚上用，然后陪奶奶做健康操。为了给庄奶奶解闷儿，小张还会抽空与奶奶做一些小游戏，唱唱歌，聊一聊公司发生的事。时间长了，庄奶奶逢人就说小张是自己的外孙女。社区的大爷大妈都夸小张体贴又孝顺。

小张回忆说，有一天早上没来得及吃早饭，庄奶奶知道了还特意回家煮了一碗面给小张端过去，那一瞬间，小张不由自主地流下感动的泪水——**有时候，我们总是试图想尽办法去感动顾客，殊不知，当**

我们与顾客之间产生浓浓亲情的一刻，反而是我们被顾客不经意的关爱打动了。

小张也是从很远的外地来到太原打工的孩子，她说虽然自己已经很久没有回家见到过自己的奶奶了，但是在太原，她从来不缺少奶奶的爱。华亚众盟还有很多像小张这样的年轻人，他们为生活、为工作、为事业远离故土，只身一人来到太原打拼。现实让他们暂时远离家乡、远离父母、远离亲人，但这份充满爱的工作却让他们找到了心灵的港湾，学会了爱人与被爱。

渐渐地，我也明白了，华亚众盟吸引老年人的并非泡脚这项服务本身，让老人们念念不忘感动至今的，正是源于他们从亲情式服务中感受到的家人般的照顾和体贴。人都是有情感的，他的心被你感动后自然而然地就成了你的忠实顾客。老人们不仅经常去泡脚，还时不时地为我们的员工带去很多水果，也像家人一样照顾年轻的孩子们。这不代表着顾客也把我们当成了他的亲人了吗？

当然，感情的培养不是一朝一夕就会有收获。想要和顾客顺理成章地建立亲情关系也要讲究一定的原则和方法。关于这点，我想小张最有发言权了，在一次分享会上，她是这样总结的：

1. 忘掉服务，才是最好的服务。

2. 给顾客留下好的第一印象是拉近距离的开始，具体包括：

（1）注意恰当的形象装扮，注意说话的技巧；

（2）态度热情但适中，与人友善且诚恳，微笑真诚但不卑不亢；

（3）丰富的知识，尤其是专业的健康知识；

（4）心理素质良好，有承受挫折与失败的勇气。

3. 学会揣摩老年顾客的心理，了解老年人的思维方式及生活趣味。

4. 适度地赞美而不恭维，尽力地帮助而不厌倦。

5. 尊重老人和有同理心是永恒的真理。

服务无止境，只要有心人。最后小张补充说道，其实，把顾客当成自己的亲人、真心为顾客服务是没有什么标准的，毕竟，每个人都有自己与父母相处的方式。无论你的亲情服务是什么形式，你做的每个动作不一定都到位，你说的普通话也未必每句都标准，但你所有的服务都是发自内心地去关爱顾客，这才是真正的服务。

仲妈陪伴心语

孔子说："饭疏食，饮水，曲肱而枕之，乐亦在其中矣。不义而富且贵，于我如浮云"。人在朴素恬淡的生活里往往能发现更多生活的乐趣，与此同时磨炼自己的心智以形成健康的人格。这是一个自我修行的过程。

开展亲情式服务，首先要正确理解亲情的深刻内涵，以免失之偏颇。自古以来，亲情作为中国家庭的伦理，对外讲究的是"仁义礼智信"，对内讲究的是母慈子孝，举案齐眉，兄友弟恭。其实这也是建立在修行基础上的——修的是自己的心和行为。当你修得了较高的学分，你的亲情服务就会化作一把钥匙，让你顺利开启顾客心扉，直抵内心需求。

3.2 无微不至的爱：将精细化贯穿于服务全过程

在家里，我们总是能享受到来自父母体贴入微的照顾，父母给予我们的爱是无微不至的，温暖得像春日的暖阳，多得像大海里的贝壳。但是，随着父母渐渐老去，这样的爱真的就取之不尽，用之不竭吗？

有一次，我母亲在家突然晕倒，在邻居的帮助下我母亲得以在第一时间被送去了医院。接到老爸的电话，我很内疚，赶忙跑去医院探望。经检查后确诊为脑梗塞，医生说幸亏送来得及时，否则后果不堪设想。原来，母亲已经头晕好几天了，父母怕打扰我们工作，就没有告诉我。此后的一个礼拜，我每天在医院陪伴、照顾母亲，也思考了很多。我想，现实中我们身边还有很多这样的父母，因为爱，他们总是和我们说一些善意的谎言，“我没事”“我很好”“不要紧”“不需要”……可我发现，在我们看不到的地方，他们可能正扶着腰、忍着疼。这也让我意识到，我对母亲的爱还是不够细心。服务也是一样，我在想，怎么才能把更精细化的服务做到每个老人心坎上。这又让我想起世界养老产业的标杆——日本。通过游学期间对当地养老机构的考察，我发现其养老产业做得不仅多样化、严谨化，更加精细化。

在我们固有的认知里，养老院可能只是矗立在城市边缘的一座中规中矩的建筑，一群老人们住在整齐划一的房间里，不时地向窗外望去的景象，仿佛他们的生活与这个世界隔绝。但我在日本看到的养老院并非如此，很多养老院不只是老年人的快乐天堂，甚至还成为当地的地标性建筑，吸引各地的游客去参观。而我，就是其中一名游客。我曾去过松下设立的真心香里园（养老院名称）养老院，和普通的养老院不同的是，这家养老院充分利用了数字化技术，实现了精细化管理。例如，考虑到老人行动不便，如果一个人去到陌生或没有监控的地方很容易发生危险，他们给老人佩戴了一个拇指粗的装置，老人无论身在何处，控制中心都能通过定位第一时间发现老人。尤其当老人遇到危险时，只要轻轻触碰开关，服务人员就能锁定位置立刻赶到，实现了对老年人身心、安全等各方面无微不至的照顾。我发现日本的养老机构有一个共同点，他们更乐于把养老院打造成一个体贴、温馨、充满欢乐与活力的乐园，老人不会被嫌弃，不会被差别对待，他们活得惬意且有尊严。日本养老机构人性化的设计和极致的服务体验确实值得我们学习。

天下大事做于细，天下难事必作于易。很多看似简单的事，做起来结果却千差万别。为了最大限度地给予老人便捷、舒适、有尊严的服务体验，我也要将老年服务的细节做到极致。

通过精细化管理和运营重构极致体验

端一盆泡脚水简单，端好一盆泡脚水也不难，但数十年如一日地坚持为天下老人端好每一盆泡脚水，不是有了热爱或决心就能轻易做到，而是要靠科学的管理。从先进的企业中，我学到了精细化管理的宝贵经验。

精细化的概念最早源于20世纪50年代日本的一种企业管理理念，后来也成了许多企业的一种文化。科学管理之父泰勒在《科学管理原理》一书中阐述了精细化管理的概念，提出它是社会分工精细化，以及服务质量精细化对现代管理的必然要求。体现在服务业中，主要是指建立差异化、多元化、个性化等与众不同的服务风格。概括地说，精细化服务就是高品质服务。

大健康这个行业很特殊，它不是简单的买卖，更不是等价交换，而是一份良心的工作！**十六年来，华亚众盟始终将“为天下老人端好每一盆泡脚水”为高品质服务的灵魂，秉承专业、尊重、细致的理念，根据老人身体健康情况，提供精细化的泡脚服务，让老年人安安全全，干干净净，舒舒服服。**通过华亚人无微不至的关爱，让老年人更能体会到我们对生命个体的尊重与关怀，心灵上的温暖才是最重要的。

我曾亲自接待过一位“情绪化”很严重的赵奶奶，她曾被骗过钱，至此对钱特别敏感。几乎每天都在担心丢钱、藏钱、找钱。听赵奶奶的女儿说带母亲去医院看过医生，但是精神和认知上都没问题。让女儿担心的是，赵奶奶不愿出门、不洗澡、不更衣，就怕带在身上的钱掉了。我想，一个关闭的心灵总得有一把开启的钥匙。我建议赵奶奶先就近去我们的线下门店，她可以什么也不用做，只是坐着就好。一开始，赵奶奶对络绎不绝的顾客并不在意，只是安静地坐在那里。直到每天来店里泡脚爱说爱笑的李大爷主动和赵奶奶打招呼聊天，又过了几天，赵奶奶见每天来店里泡脚的老人都要排队，自己也想亲自体验一次。体验过后，赵奶奶什么也没说。我也只是对老人说：“您以后想什么时候来，就什么时候来，我们永远像家人一样等您回家！”接下来的一个礼拜，赵奶奶总是会时不时地经过店门口，但每次都不进来，只是在门口张望或和李大爷打个招呼就走了。直到有天再次经过店门口，赵奶奶似乎被店里正在一起包饺子的场景吸引了。李大爷走到门口邀请赵奶奶进屋和大家一起包饺子做饭。就是从这次活动开始，赵奶奶终于卸下了心里的负担，开始愿意与其他老年朋友主动交流，每次门店一有活动，赵奶奶都第一个报名参与。

这件小事让我意识到，服务无小事，精细化的服务应该贯穿于服务的全过程。有些老年人喜欢的并不是泡脚服务本身，但他们都渴望得到家人般无微不至的爱。其实我们对自己家人的爱也是一样，不可能只是在一件事上付出了就不再去关心，而是希望对家人的关爱能面面俱到、无微不至。

所以，华亚众盟的线下门店渐渐形成了一个不成文的“四会”：

第一，节日庆祝会。

生日和结婚纪念日对于老人来说有着特殊的意义。每个月我们都会为当月过生日、有纪念日的老人举办生日会和结婚纪念日的庆祝活动。让每个老人在阵阵笑声中感受热烈的气氛和生活的甜蜜，老人们总是感动得热泪盈眶。他们脸上满足的笑容似乎在对我说，因为我们的存在，他们所有生命里的节日都因此变得与众不同。

第二，美食制作会。

在为老年顾客服务之余，我们会经常组织老人在门店一起包饺子、熬汤、展示各种厨艺，帮老年人寻找他们那个年代大杂院儿式、开放式的集体生活的点滴记忆。我发现，老人不仅喜欢在一起制作美食，更喜欢与身边的人畅所欲言，分享自己的心情。

第三，娱乐郊游会。

老年人的日常生活不像年轻人的生活丰富多彩，他们的子女通常忙于工作，没有时间带老人一起娱乐。因此，我们会定期为老年人组织各式各样的娱乐聚会。例如，陪伴老人们一起去公园郊游、拍照、跳舞，带领老人们去KTV唱他们最喜欢的歌。通过这些集体活动，帮老人们减少孤独感，找回生活的乐趣。

第四，分享交流会。

每个月月底，门店都会让老人们坐在一起给员工开会。并让顾客委员会提出门店服务工作的不足之处。员工会和顾客们一起讨论如何改进服务，带给老人更好的体验。

华亚众盟除了“四会”，还有更细分的服务。

第一，理发服务。

其实老年人也很重视自己的仪表，整洁、干净是保持面貌美观的基本要求。我们会定期找来年轻的理发师免费为老人理发，通过与年轻人的接触，老人们变得更年轻、更有精气神，这样的服务会使老人们对生活更加充满信心，心情自然也会开心愉悦。

第二，照护服务。

虽然华亚众盟不是养老机构，但服务人员依然十分重视对老年人身心健康的综合照护。例如，在老人们理发后，服务人员会为他们慢慢吹干头发；在老人们洗脚后，服务人员会先帮他们检查脚指甲是否需要修剪，并帮他们穿袜子；在发觉老人身上有异味后，服务人员会在征询老人意见后帮他们洗头、洗澡等等。这样悉心的照料能够帮助老人提高对生活的热忱和积极性，有助于老人们的身心健康。

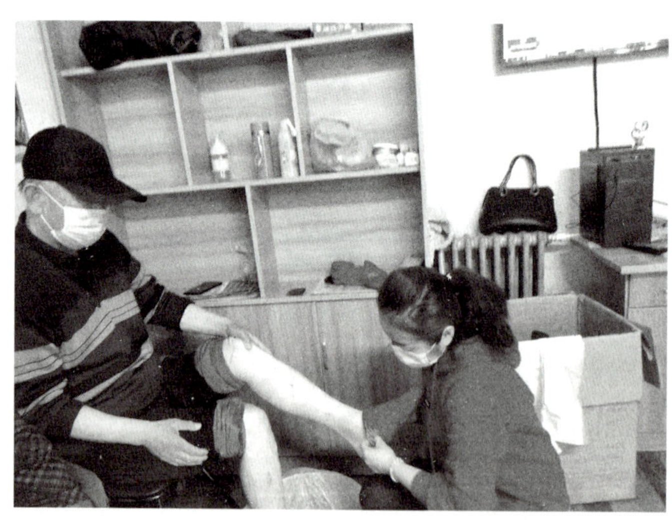

图3-1　华亚线下门店的照护服务

第三，在各种节日组织活动的服务。

有很多老人是离开子女甚至离开居住多年的环境来到太原，还有很多老人是不得不离开家乡来到太原帮子女照顾小孩。他们在短时间内难以适应新生活，老人内心难免会因此产生强烈的孤独感。我们不断努力尝试在不同的节日组织各项活动，帮助这样的老人打开心结、融入集体，让他们即使生活在异地也能迅速建立自己的社交圈。

例如，中秋节这天，员工会为老人举办中秋晚会。大家围着一张桌子举杯同庆。即使子女不在身边，老人们仍能感受到过节团圆的家庭氛围；到了国庆节，员工会带领老人出去郊游，当漫长的假期少了独处的时间，老人们的孤独感也会一扫而光；重阳节是老年节，每年员工都会和老人一起度过，与他们共同制作美味可口的重阳糕；到了年底每个门店都会为老人准备一些小惊喜，如组织大家聚集在一起开水果派对，让老人们亲自动手制作“圣诞老人”和美味又可爱的水果拼盘，从中让老人感受到满满的童趣；在情人节时，员工会组织叔叔们拿着鲜花送给阿姨，我们要用实际行动让老人感受到，这样浪漫的桥段并不只属于年轻人，每当看到阿姨们甜蜜又害羞的表情，总能让我感动流泪，觉得这些可爱的员工们所有的付出都值得。

我越来越相信，那些看似高大上的服务并不一定能让人记住，从细节入手，通过不同的形式表达对老人生命的关爱与尊重，让老人们感动的那一瞬间的微笑才是走进老人内心最好的良药。孝顺是尊重父母，而不是带着他去你自以为对父母很好的地方！

一花一世界，一树一菩提。一声问候，一张笑脸，一个提醒。世界上的一切原本就是由细节构成。也许这些都只是平凡生活中的小事，但在那些渴望被关爱的老人眼中便是一道风景，而优质的服务和极致的体验往往就是以细节取胜。从企业运营的角度而言，如果把服务细节都做好了，往往能降低运营的成本和风险，从根本上提升服务品质。最重要的是，让所有老年朋友通过极致化的服务体验感受到来自家人更多的爱，活得更快乐，更有尊严。

仲妈陪伴心语

十六载风雨同行，我们从未停止过前进的脚步，感谢华亚人有爱同行。我依稀记得我第一次面试时很多一路走来的家人那一张张稚嫩灿烂的笑脸，他们眼里有光，心里有梦。走到这里，你们辛苦了！

关注长者，止于至善。华亚愿与家人们一同携手为老年服务事业努力，做真正造福百姓的实事。心中有信仰，肩上有责任，脚下有力量，我们要用心、用爱，把养老服务做到极致。

任重道远，我们也必将会面对更多的不容易，但请大家相信：华亚众盟是我们坚强的后盾。面对更大的挑战，我们要不断强化自身、完善自我，以开拓、创新的精神，以服务、奉献的姿态，以更高效、更专业、更温暖的服务赢得尊重，创造辉煌！

3.3 无处不在的爱：让老年人得到更多精神慰藉

在《老年人权益保障法》第十四条规定："赡养人应当履行对老年人经济上供养、生活上照料和**精神上慰藉的义务**，照顾老年人的特殊需要。"第十八条规定："家庭成员应当**关心老年人的精神需求，不得忽视、冷落老年人**。与老年人分开居住的家庭成员，应当经常看望或者问候老年人。"

虽然法律明确规定了子女的责任与义务，但法律代替不了亲情，子女也不能只按法律规定去做，这样的赡养就失去了温度。我国的福利政策为从工作岗位退休的老人提供养老金，能够保障老人的日常生活开销，但这不代表子女就可以不管老人。而老人也不是期待子女的反哺或者回报多少，与充足的金钱相比，父母更需要子女给予精神上的慰藉——这种慰藉是一种有别于外人的关照。

随着我国的独居老人、空巢老人越来越多，他们不仅要面对突发疾病时无人照料的窘境，还要面对长时间的精神上的孤独。除了依托愈加完善的制度，我们还有没有其他的方法给予老年人更多的精神慰藉?

通过情感化的服务给予老人更多精神慰藉

无论我们满足哪种类型顾客的需求，满足的过程中一定都有涉及情感的部分，这是人性——**人都是情感动物，情感的部分要通过服务传达给顾客**。

如何才能找到这条服务的路径？我一直都很尊崇中国的儒家思想，其中“天生万物，唯人为贵”的主张给了我提示。在现代，经济与科技创造了巨大的财富，但越来越多的人只看重财富增长，忽视了创造财富的人，早就遗忘了社会经济发展的根源是人。在现代企业管理中，见物不见人现象时有发生，忘记了“民为邦本，本固邦宁”。放在企业管理中就是说企业家要摆正心态，别太把自己当回事，要重视“人”的作用，企业才有持续发展的可能——也就是今天很多企业都在提倡的“以人为本”，凡事从人的角度出发考虑其想法和需求。以此来思考开篇的问题，解决的路径就是：

第一，人都是感性的，尤其是走过了大半辈子、经历了酸甜苦辣的老年朋友，只有充满情感的服务才能给老人更好的体验；

第二，人的需求不是一成不变的，不同的顾客群体需求不同，我们在服务老年人时要考虑到需求的差异，从而提供个性化的服务。

基于这两点进一步分析，当今社会有很大一部分老年人由于患有慢性病或老年病，往往承受着不为人知的心理压力，长期精神空虚、孤独的生活导致老年人的性情大变，偏执、古怪、不信任人、生活方式刻板、趣味单调，更有甚者造成心理问题、有抑郁自杀的倾向。这对老年人的身心健康造成了难以弥补的伤害。

最好的解决办法就是能有越来越多的行业从业者，在关注老年心理的同时用情感化的服务满足老年人的精神需求，这样才能给老年人带来更多欢乐和精神慰藉。

以华亚众盟为例，目前，我们能够提供精神慰藉服务的形式和路径有很多：

第一，解开老人的心结。

很多空巢老人的子女常年不在自己身边，以至于老人身边说话的人都很少，生活方式更是单一。服务人员可以做定期慰藉服务，例如定期电话问候、上门慰问、为老人读报等方式，以老人的需求为出发点，帮助老人解开心中的郁结，快乐生活。

第二，主动了解老人的需求。

通过门店的日常服务，我们可以主动了解老年人的个性化需求，例如有些老年人是由于长期生活在与外界隔绝的环境中，因此产生孤寂的情绪。那么，就可以安排老人多参加门店的线下活动。当然，也可以定期上门探访老人，通过深度交流与老人建立信任、融洽的关系，排解老人内心的孤单，让老人从精神上感觉到更多关爱。

第三，举办尊老敬老活动。

尊老敬老是中华民族的传统美德，更是中国人宝贵的精神财富。在组织敬老活动方面在上一节已经为大家概括总结，例如为老人过生日、庆祝结婚纪念日。此外，还可以组织文艺表演活动，给老人带去欢笑；举办门店寿星评选活动，让老人分享自己的养生秘诀、愉悦身心的爱好或积极健康的心态，鼓励老人积极面对生活、笑看人生。

第四，开展社区心理疏导服务。

由于老年人退休、家庭成员的变化，社交的范围也越来越小，孤独感却越来越强烈。久而久之会加剧老年人内心的恐惧和情感的缺失。这种心理压力若是得不到及时的心理疏导和排解，会加剧情绪恶化。为此，华亚众盟会定期在门店附近的社区开展心理疏导服务。由于华亚的员工都上过教育学院的情商课程，他们会将学到的专业心理知识应用于实践。通过尊重、陪伴、理解和共情等心理学沟通技巧，引导老人说出压抑已久的话，帮助其排解不良情绪，让老人感受到自我存在的价值。

第五，帮助老人记录生活故事。

从生理的角度来说，人到老年，通常记忆力开始减退，以老人喜爱的方式（如写日记、写回忆录、拍照、拍摄视频等）记录生活故事，可以重新帮助老人梳理人生经历。从心理的角度来说，通过记录的方式能够帮助老人留住美好的回忆，将老人记忆的文化遗产保留下来。记录的过程可以先引导老年人一起回忆往昔，一起倾听别人的故事，然后通过互相分享、记录，提升老年人幸福感，减少内心的孤独感。

还记得由斯嘉丽·约翰逊主演的科幻动作片《超体》的结局是，植入露西大脑中的芯片已完成100%的数据进化，至此，露西变成了空气，看似她的身体消失不见了，但其实她没有消失。电影的结尾打出了一句令人深思的字幕："I AM EVERYWHERE"（我，无处不在）。

直到今天我终于明白这句话的深刻内涵，大脑可以开发到100%，人类也可以获得超能力，但在时间的维度里，这一切终将过去。那为什么露西说她无处不在？因为到最后，露西已经进化到了可以抛弃原本的物理存在——也就是身体本身，但她可以直接以意识的形态存在于世界各处，所以是"无处不在"。

当然，我们凡人不具备这种超能力，服务能力也仍需不断进化。然而，我们看到在各级政府和大健康产业的带动下，健康中国战略正在逐渐落地并生根发芽，中国社会老年人的生命质量也在飞速提高。如果我们能有更多的从业者加入进来，让我们的爱通过服务的形式，如空气一样陪伴在老年朋友周围，当他们得到更多精神慰藉后，这种爱的陪伴自然是无处不在的。那么，中国老年父母老有所依、老有所乐的愿景，将不再是天方夜谭，一个真正的、全民的大健康时代才会真正到来。

仲妈陪伴心语

归根结底，大健康行业是倡导“以人为本，服务至上”的行业。如果企业的服务想要顺利完成进化，就要从以“照看、照护”为满足基本需求的目标层面，转移到践行“心理关怀、精神乐享”的极致服务上。

服务健康行业十余载，很多朋友问我为什么能把服务做到极致，我总是笑着回答：“其实最初创业时的我不懂养老，而今我只是碰巧做了老人的知音。”

3.4 无条件的爱：没有情感增值，服务就没有价值

中国式父母总是给予子女无条件的爱，他们不求回报，亦不图索取。但产品和服务不一样。从一个从业者的角度来说，我们可以给予顾客无条件的爱。但反过来，我们没有理由要求顾客无条件地购买我们的产品或服务。除非我们的产品或者服务能够带给顾客更高的价值或附加价值。

陈春花在《哈佛商业评论》刊出的《管理整体论及七个原理》这篇论文中阐述了一个观点：产品的价值是由产品自己来解决，同理，服务的价值也要由服务本身来解决。从事服务行业也要把产品做好，只是服务业的主要价值来自服务，但如果服务业的从业者能同时把产品做好，那么从顾客的角度而言，你的服务就多了一个附加值叫作情感增值。这个观点说明了一个问题：我们与顾客始终在做价值交换，而任何顾客的价值都源自两个方面：

第一个方面：一个是主观的，一个是客观的；

第二个方面：一个是功能性的，一个是情感性的。

也就是说，我们不要总是指望通过单方面的产品或者服务赢得顾客的价值认同，而是拥有两个（至少是两个或者两个以上）能够提供情感增值的东西让顾客发自内心地认同。

服务业是一个看似门槛最低、淘汰率却很高的特殊行业。陈院长说："服务如果不能增值，服务就没有任何意义。"

通过提升参与感提供情感增值服务

价值体现的是客户对品牌需求的终极追求，而情感增值服务是一个从迎合需求到激发需求的过程，并且这个过程需要一个纽带来链接顾客的需求，这个纽带就是参与感。想要用情感留人，就要让顾客参与进来。

就我所从事的大健康行业而言，据我所知，有太多的企业专注在营销上。通过狂轰滥炸的广告、天花乱坠的宣传不断给消费者洗脑，业绩往往却不尽如人意。数字对他们来说就像一匹千里马，他们始终以此为目标不停地追赶，似乎跑着跑着就忘了自己当初为什么要出发。而华亚人与之最大的不同在于，别人在做销售，而我们是迎合销售；别人在追千里马，而我们是在种一片草原，我们从不需要担心追不上千里马，因为我们种的是广袤的草原，属于我的马自然而然会来到我的草原上。

有一次周末，我带着小孙子去西贝莜面村用餐。我发现，西贝莜面村之所以如此火爆，其背后的商业逻辑就是先卖体验，再卖服务，最后卖产品，总结起来，西贝莜面村卖的是参与感，也就是顾客心中的情感增值。

为了彻底弄清楚参与感的构建路径，后来我又连续带着孙子去了好几次西贝莜面村。我发现了以下两点：

第一，举办菜品研讨和品鉴会。

西贝莜面村每年都会举行菜品研讨会和新菜品鉴会。菜品研讨会是通过内部人员及筛选出的老顾客对新菜进行试吃，通过投票决定出哪几道菜可以作为上市新品的备选菜单。同时，通过广泛征集建议不断改进并现场制定好菜品的标准，并贴上上市日期。最后，通过老顾客的品鉴继续收集意见，目的是通过顾客的参与，设计出更符合顾客需求、更有价值的产品。

第二，设计菜品评价环节。

西贝莜面村的第二种参与感构建方式是设计菜品评价环节。除了上述品鉴会，它还通过更多线上和线下的方式，从不同渠道收集顾客意见，并通过反馈收集表的形式让顾客对菜品服务和环境进行评分。店长会根据评分打电话抽样回访，询问其原因，认真接受意见。西贝莜面村还在这一环节招募了体验官，并免费为其升级VIP会员权益，再为其会员卡上打入500元的体验金额，以供体验官免费就餐。

后来回到家我拿起由小米联合创始人黎万强所著的《参与感》这本书来阅读，结合小米和西贝莜面村的“参与感”我反复琢磨，无论是以什么样的方式提升参与感，它看似只是一场免费的体验。但真的只是“免费体验”这么简单吗？

我想起马云在《赢在中国》节目中说过一句颇有哲理的话“免费是世界上最昂贵的东西！”是啊！别忘了中国还有句老话叫“天下没有免费的午餐”，免费只是暂时的，当顾客在享受到了超出体验的情感增值服务后自然会为这个“免费”买单。

从心理角度分析，客户在得到我们给予的利益——情感增值服务后，会进一步产生信任，建立起忠诚。此时，我们再一次针对顾客提供收费服务后，顾客会欣然接受，这就是服务增值的过程。当然，这个过程我们提供的不只是体验式服务，而是老年人由内到外的“良好的感觉”，也就是通过前面三个小节中提到的多元化的形式，让所有老年朋友参与到华亚众盟的大家庭氛围中，**通过制造身体满足、心理愉**

悦的参与感，让老人在形成心理信任与心理依赖后成为长期顾客。

现在再回过头理解陈院长的那句“服务如果不能增值，服务就没有任何意义”。我想，对于大健康行业的企业而言，如果不能提供可增值的服务，那么企业的服务就没有意义，或者说这样的企业难以长存。

仲妈陪伴心语

在产品或服务中创造越来越大价值的消费者的力量正在崛起。尤其是我所处的服务业，作为中国经济增长板块中最重要的一块拼图，参与感在某种程度上意味着消费需求正在逐渐发生关键的跃迁。也就是说，顾客的消费需求正逐渐超出了产品本身的价值。这对我们服务的老年顾客而言，他们的购买不再简单是你提供的服务能带给我什么，而是通过你的服务，能让我参与到什么样更新的、更美妙的体验中去。带着这样的思考和服务精神，我继续致力于老年服务模式的探索，开创了航空式服务和110式服务。

第四章

航空式服务：把细节做到满分，打造生活仪式感

提起航空式服务，绝大多数人脑海的第一形象可能就是航空公司的空乘人员，甜美的微笑，得体的言语，优雅的举止，周到的细节服务，让人如沐春风，宾至如归。

相比其他航空公司来说，日本全日空的起飞准点率很高。我曾在搭乘全日空时出现过两次晚点的情况，原因都是特殊天气所致，但机场服务人员善后措施做得很妥当，让人毫无后顾之忧。一次是因为大雪天气导致停飞，工作人员立即帮我们安排了离机场最近的酒店住宿，每名旅客离开时都收到了一封道歉信和从市中心打车回家的路费；另一次是飞机晚点了几个小时，机场服务人员为表示歉意，为我们提供了机场内的免费午餐，并且在登机口准备了很多轻食和饮料。值得一提的是，全日空除了这种超出预期的服务让乘客有一种喜出望外的感觉，提供的美味餐食更是令乘客赞不绝口。全日空作为一家五星航空公司，一直以近乎苛刻的高标准服务带给旅客宾至如归的体验。

服务行业正是需要这样一种“航空式”的服务精神，以客户为中心，打造一种真诚的、有仪式感的超预期服务，让每位顾客都感受到自己像家人一般被重视、被尊重，这也是华亚一直以来的经营理念。

4.1　时刻报以顾念他人之心

很多人认为，航空式服务最重要的就是像空姐那样，第一时间迅速响应客户的需求。但实际上，这一步是以有一颗“顾念他人”的心为前提。没有这颗心，即便是第一时间来到客户身边，献上最温暖的微笑，也可能只是形式上的响应而没有服务的内核。反之，因为你的“多虑”很可能帮了他人很大的忙，甚至将他人从危险中解救出来。

举个简单的例子，曾有一则“女生打110叫外卖，接警员听出玄机将其解救”的新闻。事件经过大概是这样的，某地110指挥中心接警员接到一个女生来电，对方第一句话说的是“你们给我送点吃的吧，我一会儿订，我主要是出不去”。看似没有什么特别的一句话，女生重复了好几遍。接警员想了想，认为这通电话并非单纯地是一个小女生捣乱的行为，女生很可能有难言之隐或遇到危险。于是，接警员开始试探性地顺着女生的话往下说，并确认该女生处在被人胁迫的困境中，同时迅速引导她说出“送餐地址”等有效信息。最终，警方及时赶到将其解救出来。很多人说，这位接警员真的很机智，不禁纷纷为其点赞。

其实，接警员的工作性质也是服务于人民群众（相当于“顾客”）。当然，因为他足够机警，所以想到了更多可能：这句话的背后是否有难言之隐？女生有没有可能处于危险境遇中才会说出这样的话？也因为他足够专业，所以能迅速引导女生说出地址。更因为他有一颗“顾念他人”的心。

在我看来，航空式服务最关键的就是要用心，要投入更多的感情，要变得更有人情味。想要做到这点，除了要对自己严格要求，更要有一颗顾念别人的心。

航空式服务：心比手册上的说明更重要。前几年，我去日本参观考察了一些养老机构，这些养老机构非常有特色，而且入住率极高。无论在视觉上还是内部的硬件设施上，很多细节都令人心头一震，为之触动。但最打动我的，是这些养老企业的“日式服务精神”，可谓“航空式服务”的典范。

让我印象特别深刻的，是在东京都港区南麻布参观一家养老机构时发生的一段小插曲。

在一次会议上，我和同行的几位企业家朋友正在听社长分享机构的经营理念和管理方法，同时社长耐心地解答大家提出的问题。突然，有位患有认知症的老奶奶走到会议室的门口，向会议室里面望了望。这时，门口的工作人员并没有立刻引导老奶奶走开，而是微笑着搀扶老奶奶进了会议室。工作人员与社长和在座的与会者解释说，老奶奶也想参加会议。

社长听后，立刻起身，不但答应了老奶奶的要求，而且将自己坐的位置让出来给老奶奶坐，自己则坐到了旁边的位置。老奶奶笑逐颜开，摆出一副一本正经地给员工开会的姿态，仪式感十足。

社长先生接着之前的话题继续讲解，还未到5分钟，老奶奶就已经按捺不住，想出去了。站在她身边的工作人员赶紧搀扶她离开。走到门口，老奶奶停下来回过头与大家道别，并露出满意的笑容。

老人家离开后，社长先生向我们解释说，服务失智老人，我们首先应知道她的生理和心理需求尤为重要。老人家可能对我们的会议造成了短时间的影响，但能够满足她的好奇心，让她心情愉悦，对老人来说是一种很好的心理照护。就是这个小插曲，给大家上了生动的一课。这一课给我的启示是：

第一，无论是门口的工作人员还是社长先生，无论是让老奶奶进了会议室还是为她让座，允许她参与其中，都是以老奶奶为中心；

第二，由于老奶奶有认知症，该养老机构除了给予生理上的照护，更注重老奶奶和普通人不一样的心理诉求——想参加会议（哪怕这个诉求听起来似乎有些“无理取闹”）；

第三，衡量利弊后，社长不但满足了老奶奶的需求，还让出中心的座位，给予老奶奶足够的重视与尊重。

那么，这位“特殊顾客”的体验感如何？老奶奶出门时的笑容就是最好的答案。

我恍然大悟，**航空式服务的最高境界不是停留于表面的微笑服务，而是要有一颗时刻顾念他人的心，将服务视为心灵的“拥抱”。航空式服务的重点不在于像职业手册的条文注明的那样，机械化地去展示微笑、形象或礼仪，而是在满足基本要求的基础上，进一步挖掘顾客的真实需求，并用空姐般的专业素养和对顾客足够的重视，满足其需求。这样的服务会令顾客有一种宾至如归、被尊重、被重视的仪式感。有想顾客之所想的意识，员工手册不是不重要，只是相比之下有一颗想顾客之所想的心更重要，这是展开一切服务的前提。**

据说，在南麻布患有中重度认知症的老人还有很多。我在该养老机构参观时也遇见了不少，但每位老人看上去都很安静、慈祥，如果不开口说话很多人根本看不出他们是患有认知症的老人。

社长先生说，很多患有认知症的老年人刚入住时由于身心各方面不适，常常表现出很多相关的症状，骂人甚至打人的都有。就连社长自己也曾经被老人抓伤过，但随着老人入住时间越来越越长，大约在三四个月之后，老人们渐渐习惯了周边的环境和养老机构工作人员的照护，心也慢慢变得平和了不少。

社长还与我们分享了机构在服务上的其他独到之处。例如，他们不会像有些养老机构那样限制老人作息时间的自由，给老人提供餐食的时间也不一样。如果老人起得早送餐就会早一点，如果起得晚就晚点送。完全根据老人的生活起居习惯提供服务，真正地实现了个性化。对于一个拥有400人的养老机构来说，能做到这一点非常不易。毕竟，每个养老机构都有自己的作息时间或管理制度。如果按照制度去做，既节约了时间，又可以减少管理中的疏漏，但却缺少了人情味。还有一个独到之处是，员工们在照顾老人的时候，几乎不会用到药物，主要就是靠用心的服务。此外，这家养老机构还为新员工开设了特殊的培训课。“高龄者体验”是其中比较有特色的一项集训，训练的方式包括让员工体验晚上睡觉时包上尿布去不了厕所的感觉；让员工体验与别人打招呼不被理会的感觉；让员工体验坐轮椅超过八小时的痛苦难耐的感觉；让员工体验与别人沟通不顺畅的感觉等等。

经过培训以后，员工们基本都能对老人的心理状态感同身受，更能设身处地用一颗同理心为老人着想。当员工的这种同理心成为一种思考的习惯，他们与老人之间的关系自然就会融洽很多。员工才会时刻报以顾念他人之心，主动想办法满足老人的身心需求。

我当时就在想，如果我们的员工都能有这样的同理心，那么当我的顾客打来电话时，员工就不会只是完成“接电话”这个形式，而是进一步挖掘顾客的真实需求，想尽一切办法去解决问题。这样的服务才是有温度、有意义的！

稻盛和夫先生是著名的实业家、哲学家，他曾说：“以利他心度人生，能增强人的成就感和幸福感，最终福报会回到自己身上，对自己同样有利”。他从创办京瓷开始就坚持这一商业逻辑——将员工福祉最大化，这与几百年前西方国家“以股东利益最大化”截然不同。稻盛和夫在退休时将个人的全部股份捐给了员工。也许我们平凡人一时难以达到稻盛和夫的高度，但我想我们做服务行业的必须要做到一件事，那就是“以顾念他人之心”做好服务，否则后面做得再好也没有意义。这个理念适用于任何行业，也适用于我们每一个人。如果任何行业、任何从业者都能以此为目标，我相信中国服务业的服务品质，终会得到质的飞跃。

仲妈陪伴心语

真正的爱是看见他人的需要，时刻报以顾念他人之心，才能及时看见他人的需要。每个从事服务行业的人都应将“想顾客所想，急顾客所急”作为自己的座右铭。

在著名作家华姿的《德兰修女转：在爱中行走》这本传记中，有一段记录的是德兰修女对饥饿、赤身和无家可归的独特见解：“饥饿并不单指缺乏食物，而是对爱的渴求；赤身并不单指没有衣服，而是指人的尊严受到剥夺；无家可归并不单指需要一个栖身之所，而是指受到排斥和摒弃。除了贫穷和饥饿，世界上最大的问题是孤独和冷漠。孤独也是一种饥饿，是期待温暖爱心的饥饿。”

生活中，有多少婚姻硝烟四起，是因为需要未被看见；有多少母亲产后抑郁自杀，是因为需要未被看见；有多少孩子离家出走，是因为需要未被看见。

“人永远会让我失望。”这是一个朋友家的小女孩在她的成长日记中写下的一句话。听到这样的话，我的心不寒而栗，并时刻提醒自己，如果有一天我的企业被客户说“你们的服务永远让我失望”，我想这样的企业即便光芒万丈，也有大厦将倾的时刻。走到哪里，我们都不能忘了十六年前是为了什么而出发。

以一颗仁爱之心，认真想每一位顾客之所想。这种“想”应是来自灵魂深处，如同新冠肺炎发生时便有一众优秀的企业家立刻行动去支援，这也是一种顾念他人之心，当国家有难，没有为什么，只有应该！

4.2 制造超预期的惊喜：等到顾客开口就晚了

美国的服务专家莱昂纳多·因基莱里（Leonardo Inghilleri）和绿洲唱片公司的总裁迈卡·所罗门（Micah Solomon）合著了一本著作《超预期》，这本书给出了一条可以给顾客带来超预期服务的价值链条："超出预期—留下客户—创造价值"。简单来说，就是要用超预期的服务，给顾客带来超预期的体验。这也是很多互联网大佬在打造爆款产品和服务时所推崇的理念。

什么是超预期的体验？

心理学中有个"惊喜效应"，是指在关系中创造"没有想到的喜悦""突然的惊喜"。与其他情绪相比，惊喜会给人留下更深刻、长久的记忆。惊喜带给人的感受往往会持续很久，甚至让人终生难忘。

如今，我的抽屉里还放着第一次去海底捞时，海底捞员工给我的头绳。当时我的头发不长不短，在吃饭时总是滑落，很不方便。我和朋友都没有头绳只能无奈苦笑，不一会儿就有一位员工给我递上头绳，问我是否需要。

以前总是听说海底捞服务好，那一次我总算是亲身感受到了，确实值得称赞。

小米创始人雷军曾说，因为海底捞看上去没那么豪华，但是他们的服务远远超出我们的期望值，所以我们普遍认为它很好。反之，都说迪拜的帆船酒店是世界上最好的酒店，但去了之后他却非常失望，其实酒店并不差，只不过是期望值太高，结果体验与期待形成了心理落差。

真正高品质的服务是做到比顾客期待的更多

一名优秀的空乘人员不仅要训练有素，还要有充分的爱心，把客人放在首位，能够预测客户的需求，在客户开口之前做好服务，这才称得上优质服务。

有一次去外地出差，我搭乘西部航空的早班机回太原，由于头一天晚上开会到很晚，从上飞机的那一刻起我就感到异常疲惫。飞机刚一起飞，我就睡着了，并且一路上都睡得很沉。当我再醒来时，只听见旁边有一位声音甜美的女士轻柔细语地叫醒我：“仲女士您好，我们的飞机即将到达您的目的地太原，看您一上飞机就睡得很沉，我就没有叫醒您，但是现在不得不叫醒您，现在请允许我帮您打开遮光板，调直座椅靠背。”我一下子清醒过来，并被这位空姐的声音和笑容吸引，一瞬间心情如窗外那万里晴空一样通透。再定睛一看，原来在我睡着之后，这位空姐怕我着凉，悄悄地帮我盖上了盖毯。一会儿工夫，飞机顺利降落太原武宿国际机场，我下飞机的时候，这位空姐又走过来递给我一瓶温热的茶水让我带走，并提示我说：“仲女士您好，由于您在我们提供饮品时睡着了，而我没有叫醒您，想必此时您一定口渴了，这是我们为您准备的一瓶刚刚泡好的红茶，您不妨带走，相信它可以缓解您一路旅途的不适与疲劳。”

我完全没有想到，在我临下飞机时，这位空姐还能再一次带给我超出预期的服务，甚至可以说是令我惊喜、感动。

我发现，做到开口前的服务并不难，也许我们只是用心多为客户想一点点并提前帮他们做到，看似不起眼的小事却可能带给他们不一样的惊喜。凡事别等到顾客意识到时，那就晚了！制造超出顾客预期的惊喜并不难，有三个关键点：

第一，只要我们能够换位思考，掌握基础的服务方法和技巧，真正地把客人需求当作自己的使命，以服务为本。

第二，只要想到能在工作期间为客人解决越多的问题，自己就会越开心快乐。

第三，只要端正工作态度，有强烈的职业自豪感，在服务中不卑不亢，把客人当作朋友一样真心对待，真诚地为朋友解决实际困难。

客人提出要求后再去服务，我们就是被动的，但在客人开口前我们就做好服务，我们就是化被动为主动，唯有如此才能给客人提供满意服务的同时，创造意外的惊喜——这就是华亚众盟航空式服务的精髓。

虽然每位乘客的需求不同，但对服务的要求是相同的，每个人都希望被无微不至地照顾。也许乘务员在给乘客送水时流露出些许的不耐烦，就会让乘客心中的怒火瞬间暴发，甚至不会再坐该航空公司的飞机了。

那么，怎样做才能为顾客提供超预期的服务，制造惊喜?

第一，提供“超出预期”的细微化的服务。

关于这一点我们已经在前文讨论过，不再赘述。但是要做到细微化的服务需要我们对员工进行培训、复训，让他们时刻掌握行业发展动态，更好地为老年人提供服务。员工在深刻剖析、全面了解产品服务理念的同时，增进员工之间的协作，提升应对突发情况的能力，让老人体验到舒心、放心的服务。

第二，提供能“留下顾客”的个性化的服务。

个性化服务充满灵活性，因人而异，因时而变，源于标准又高于标准。以航空服务为例，许多航空公司都建立了自己的乘客档案数据库，根据乘客年龄、职业、爱好、性别、饮食习惯等个性化问题作出更有针对性的服务，以便提高服务质量。我们对老人也应如此，把老人的喜好、特点都记在心上，同时在服务老人的过程中尽可能地做到共情，用自己的情绪感染老人，让他们有被重视、被关怀的感觉，而不是觉得你的服务是在应付。只有从心出发，你的服务才有温度，才能留下顾客。

第三，提供能“创造价值”的文化内涵服务。

航空公司会根据乘客的出发地、目的地、饮食习惯等创造一种文化，使乘客对航空公司乃至中国文化产生强烈认同感。华亚众盟在弘扬中国文化的同时，从员工服饰、公司装修等方面无不展示着我们的企业文化，这和航空公司创造的文化价值在作用上是一致的，只不过他们是为了更好地服务乘客，我们是为了更好地服务老人。我们可根据老人所在的地域不同，引进当地风俗文化，制作家乡食物，通过文化的渗透建立起一座直通老人内心深处的“彩虹桥”。

很多人说，服务也是需要成本的。尤其在经济不景气，企业生存都困难的时候，例如在疫情期间，航空公司面临巨大的压力。其实各行各业都一样，我们面临同样的生存压力，如果低成本开展一些活动，受多种原因影响，很多服务都得调整，甚至简化或取消一些免费的服务。考虑运营成本没有错，但简化或者取消一些服务并不代表同时降低服务质量，反而需要员工付出更多的耐心和爱心去服务老人，用自己的实际行动温暖老人，赢得老人的好评。

每个顾客心中都有一杆秤，对服务人员提供的服务都有自己的衡量标准。而我们要做并能做的就是在服务不断升级的过程中，除了做到让顾客满意，还要超过他们的期望值，才会产生惊喜效应。总之，在顾客开口前完成服务才是超预期的服务，同理，没有给企业创造价值的服务无异于零。

仲妈陪伴心语

有一次，家里的钟点工阿姨有事请假了，朋友帮我临时找了个家政阿姨帮忙。阿姨做事利落，特别勤快，做饭、打扫样样出色，远远超出了我的预期。我对阿姨说："您做得真好，我帮您介绍一些客户吧。"阿姨犹豫了一会儿和我说，有些客户的单子，她是不接的，因为那些人喜欢会找各种理由扣她的工钱以达到他们的目的。她在这个行业做久了，有自己的客户源。

阿姨的这番话让我陷入了沉思。事实如此，当一个人的业务能力到达一定高度时就有了选择客户的权利，而不是被客户选择。商业的本质就是你要不断满足更多人，但你永远不能满足所有人。只有找到对的人，同时也要提供超出预期的、让客户感到惊喜的服务，你的服务才更有价值。

4.3　打造生活仪式感：主题游活动让老人重返二十岁

当我们上了年纪的时候，总会不自觉地感慨“年轻真好”。但“重返二十岁”对绝大多数老年人而言都是遥不可及的梦。许多年前，我看过一部电影叫《重返二十岁》，讲述的是一个70岁的老人意外重返青春旅途，回到二十岁的自己的故事。虽然电影中的笑点无数，但还是戳中了我的泪点。让我意识到，老年人对自己年轻时的事情往往记得一清二楚，尤其是令自己感动的青春往事。

从事大健康行业以后，我又反复观看了这部影片，终于深刻体会到了老人的孤独，也了解了老人的心之所向。几乎所有老年人都渴望回到青春年华的日子，他们的生活与内心，更需要我们的了解和温暖。所以我一直在想，有没有一种方式能让那些渴望年轻的老人们也能“重返二十岁”。

想想二十岁的我们都在干什么？肆意挥霍着大把的青春时光，漫步校园，参加各种丰富有趣的活动，背上双肩包说走就走的旅行……年轻时的我们不怕寂寞，也不怕折腾，每一天的日子里都充满着小确幸，简单快乐的生活也从不缺少仪式感。想到这里，既然我们的航空式服务就是要想顾客之所想，为他们制造惊喜，为什么我们不能根据老年人的心理需求策划一些主题游活动？既然他们的子女忙于工作没有时间和精力带老人出行，为什么我们不能通过有意义的活动带老人来一场说走就走的旅行，让他们重返二十岁？

在用心的基础上打造仪式感，让人感到被重视、被尊重

自古以来，我们中国人都很重视生活中的“仪式感”，例如每到逢年过节，一家人总会聚在一起共同庆祝；每每朋友过生日，朋友们都要送上特别的生日礼物；每当新人举办婚礼，亲朋好友都会来祝贺……

如果说顾念他人之心是航空式服务的第一步，接着，带着全然的一颗心去为顾客制造惊喜，那么接下来，在用心的基础上再去打造仪式感，让服务达到更高的境界，让顾客一想到你的服务就有宾至如归的感觉，感到被重视和被尊重。

演员黄磊在做客《奇葩说》时讲起一件趣事。他去参加一个朋友女儿的结婚典礼，在婚礼上，朋友因为看到女儿出嫁，一时感到难过流下了眼泪。触景生情，黄磊也感慨万分，想到了自己的两个女儿，于是也跟着落泪。黄磊说：“我也经常幻想这个画面。但是如果有一天，那个男的跟我女儿说，没有婚礼。我就会跟我女儿说，不要嫁给他。连那样的一个仪式感都没有，我觉得是不对的。”

在《小王子》的童话故事里，有一只狐狸说过：“仪式就是使某一天与其他日子不同，使某一时刻与其他时刻不同。”从心理学角度来分析这句话，举行某种仪式的目的不在于所做的具体动作，而在于通过这种仪式感所投射到人内心的一种心理状态。通俗地说，仪式感就是增加我们在经历相同事件时的“幸福感”。

我相信，如果我们能让老人在仪式感中感觉到幸福，那么，这种仪式感就离增强顾客的体验甚至超出心理预期不远了。

如今我们去一些餐厅都可以通过扫码下单进行点菜、付款。扫码下单既方便又快捷，不仅可以支持多个客户同时进行下单，也可以查

看商家推荐的菜品，并支持共享结算。扫码下单的优势虽然看起来很多，但有些餐厅，尤其是西餐厅依然坚持使用传统下单结算的方式。这是因为西餐厅更希望通过服务生来传递服务过程中的仪式感，哪怕是一个开红酒的动作，对顾客而言都有不一样的感受和意义。也正是那些有仪式感的服务细节赋予了餐厅独特的魅力以及区别于行业内同类服务的关键。

所以，**仪式感其实是在给我们机会优化与顾客接触的关键时刻。**

还是要说说海底捞，在餐饮界海底捞虽然算不上顶级的餐厅，但它在服务方面却从不含糊。一根简单的拉面，海底捞打造了一种极具仪式感的表现形式：让拉面小哥在顾客面前表演拉面绝活，拉面小哥如同跳舞一样曼妙的身姿，吸引了很多顾客。可见，与客户接触的关键时刻并不是偶然发生的，需要通过精心设计安排。沿着这一思路，我们也开始为公司的老年顾客朋友们策划开展主题游活动。

主题游活动之一：山西知青归来

2017年4月中旬，我们策划了一场“山西知青归来5日游活动”，旨在帮助老年人重温少年时代的情怀，回顾当年知青生活，展示老年生活的风采。

需要说明的是，我们所有活动都是秉承自愿参加原则。毕竟，每个老人的生活条件、身体条件都不同。在活动策划出来以后，由各店面店长负责报名统计工作，并于活动前一周截止报名，确定人数。同时坚持体验原则，全员穿戴统一T恤，工作人员会提前安排好接待、住宿、餐饮、娱乐、急救等工作，并落实到具体负责人。而为了每一位与我们出行的老年人的健康安全出行及其家人的信任，在活动开始前我们会与各店面签订客户旅游协议，规避风险。

此次活动的行程共五天，具体活动安排是：

第一天：从太原出发，中餐后游览普救寺，游览结束前往老乡家，老乡热情接待。下午蒸馍，共同食用自己亲手做的大馍馍，与老百姓共话农村趣事。晚饭后组织共赏民间小调、舞蹈。

第二天：参观吕公祠。这是吕洞宾出生及成长的宅院，其仙逝后乡人慕其得，纷纷前往朝拜。

第三天：参观千年古渡——大禹渡，乘坐水陆两用气垫船。晚餐后举行篝火晚会，大家一同扭秧歌、放烟花，共享下乡之乐。并由村领导为大家发放白毛巾，重温乡下之喜。

第四天：体验上山下乡的农家之乐，与老乡一起共务农活。午餐过后，全体客户合影留念，共唱《相亲相爱一家人》，返程太原。

第五天：早餐后，前往参观山西特产老陈醋文化园。

短短五天的行程对于年轻人或许不算什么，但是对于老人却是体力和耐心的双重考验，对同行的工作人员就更是各方面综合的巨大考验。但是，为了让老人真正感受到“重返二十岁”的感觉，我们通过创造各种仪式感来让老人乐在其中。

1. 举行金婚老人献花仪式。在仪式上，我们会为金婚夫妻准备鲜花，让所有金婚老先生为太太献花，重温年少时的浪漫爱情，让其他老年人共同分享这幸福的时刻。

图4-1　活动场地布景

图4-2　金婚老人为妻子献花

图4-3　金婚老人在献花仪式上的合影

2. 我们带领老年人去乡下蒸馍，共同食用自己亲手做的大馍馍（一起动手，丰富知青活动体验感）；与老百姓共话农村趣事，共赏民间小调、舞蹈。

图4-4 让老人体验农民织布的流程

图4-5 带领老人在乡下一起用餐、感受大杂院式的生活气氛

3. 举行篝火晚会。华亚人与老人们一同扭秧歌、放烟花，共享下乡之乐。

图4-6　带领老人一起举办篝火晚会

4. 带领老年人与老乡一起共务农活，体验上山下乡的农家之乐。

图4-7　带领老人共同体验农家之乐

5. 带领老年人们参观山西特产老陈醋文化园，感受山西晋商特色文化，品尝山西特产。

图4-8　带领老人参观山西特产老陈醋文化园

通过这些充满仪式感的活动，老人们似乎重新走了一遍当年知青走过的路！回眸五十多年前，一幕幕掠过，从模糊到清晰。我们还提前安排了许多文娱节目，让老人们一次又一次流下激动的泪水，从感动到感恩，在喜乐祥和的气氛中开心地唱着、跳着。

主题游活动之二：延安红色旅游

很多中老年人内心深处都有一种革命情怀，“红色旅游”对他们来说有着特殊的意义。从新中国成立至今，风风雨雨几十载，大多数中老年人都亲身经历过，他们看着祖国一点点繁荣昌盛。所以，他们对伟大领袖和几大革命根据地有一种特殊的情结。红色见证之旅恰好能满足他们的心理需求。

于是，我们又为老年朋友策划了一场延安红色旅游，将目的地锁定在陕西延安。经调研，“几回回梦里回延安，双手搂定宝塔山。”宝塔山、杨家岭、枣园等革命旧址景区一直是延安红色旅游热点。

由于大部分地方都是革命老区，所以路途遥远。一路上，都有提前做好功课的工作人员为老人耐心讲解延安革命老区的文化和故事，为老人解闷。同时，随行的服务人员随时关注老人的身体情况，我们甚至还安排了急救车随时待命。毕竟，上了年纪的老人，即便身体没有大问题，也有很多头疼脑热的小毛病。

为了更好地让老人感受革命的气息和记忆中的感觉，刚一到目的地，就有我们提前安排好的当地的锣鼓队一路敲锣打鼓、欢天喜地地迎接这些穿着红军制服的“红军队伍”的到来。在用餐之余，我们还和老人们一起唱起当年那些耳熟能详的红歌。最让老人们喜出望外的是，我们还提前定制了各种旗帜，为他们举办了一场盛大的授旗仪式。在住宿方面，我们安排老人住的是当地七星级的窑洞，就这样扭着秧歌逛宝塔山，一

图4–9　延安红色之旅–敲锣打鼓的欢迎仪式

图4-10　延安红色之旅中的授旗仪式

路上吃吃喝喝、有说有笑，让他们感觉到自己还是当年那个意气风发的小小少年！

这些仪式感不是用金钱就能堆砌出来的，而是需要我们的专业团队付出心思做出实打实的内容来。正如我们为老人端泡脚水也是一样的，一丁点的小心思做出来可能味道就不一样了。我们不是为了做而去做，“仪式感”也并不需要大费周章，古旧刻板，繁文缛节，而是用一点小心思、小设计、小情怀，提升老年人的幸福感，让生活变得绚丽、庄重而有意义。让他们在不同的服务中能享受到更高级的体验，这个过程也会让我们企业的品牌发展更具个性化，让企业的发展更具竞争力，这就是创造仪式感的最大魅力。

生活中我们因为有了仪式感，而让普通的日子变得更加特别。服务行业也是如此，因为有了“仪式感”，看似机械重复的服务工作才会变得更加丰富多彩。

其实，空姐的“微笑服务”也是仪式化的。工作时，嘴角的微笑于无形中让自己多了几分自信，同时使旅客感到温馨。仪式感无关矫情，但它会让顾客认为你把他的感受摆在第一位，让他感到被重视和被尊重。学会珍惜、重视顾客心中的每一件小事，尝试把微不足道的小事变成有仪式感的服务。让服务的每分每秒都成为令老人满心欢喜的时间证人，让这位时间的证人指引你在工作中拨开迷雾后，阳光依然灿烂。

4.4 恪守“华亚人十做到”，让顾客每天都宾至如归

为排队等候泡脚的顾客递上一杯水，下雨天为泡完脚回家的老人送上一把伞，华亚众盟始终致力于让每一位顾客尊享到航空式服务的待遇，每天来到门店都能享受到“宾至如归”的贴心服务。

我在看品牌营销类的书籍中，经常能看到“不要去推销东西，要推销自己”这条策略。就像雷克萨斯服务的宣言那样：“我们要通过提供的优质服务，为客户提供一次又一次的‘感动’；我们要怀有一颗努力‘拥抱’客户的心，以我们的待客之道实现前所未有的‘打动人心’的最佳服务。”

很多企业所提供的服务，在顾客眼里都是可复制、可代替的商品。无论企业的护城河看起来多么牢不可破，遇到更强劲的对手（也可能是更好的产品或服务）时也会不堪一击。所以我们才强调，要想稳住现有的优势局面，就要利用一切可以利用的资源提供超出预期的服务，以提升顾客的满意度和忠诚度。当顾客成为你的忠实客户后，接下来的事才会顺理成章。例如，在市场所有能提供同类产品和服务的商家里，忠诚的顾客会把你当作他的唯一。在他们眼中，你是不可替代的。当他们认可你时，就不会过于计较价格高低，甚至原谅你的小失误，并愿意帮助你推广品牌。进一步说，顾客会成为你的“过客”还是“常客”，取决于服务的好坏和提供服务的人的选择。

在日本，有“雷克萨斯之巅”之称的雷克萨斯星丘店，凭借周到

的服务闻名遐迩。星丘店的成功靠的是持之以恒的航空式服务，把服务视为心灵的“拥抱”。在这个门店中发生过许多感人的故事，这些故事不见得多么可歌可泣，感天动地，而是每一个故事的主人公都坚持“于人目所不及之处愈要用心”的信念，在平凡中创造奇迹。

但服务说起来容易，日复一日地做似乎也还可以坚持，那么，年复一年呢？

有时我也会感到自己的力量微不足道，难以改变我们现实的大环境。前面我们探讨了日本和国外的居家养老模式，我有想过并尝试从太原本地社区做起，为我国的养老服务尽一份绵薄之力。

在哈尔滨市有一位报纸投递员，名叫张正红。当她发现88岁独居老人命悬一线时，及时将其送往医院，挽救了一条生命。看了这则新闻，人们都被这位投递员的暖心救人行为所感动。但同时，也反映出了社区居家养老服务的问题。据我们市场部调研发现，2020年受新冠疫情影响，我国大部分社区养老服务及社会养老机构都处于停业状态。即便在疫情得到缓解，人们生产生活逐渐恢复秩序的当下，居家养老服务的发展难度仍然很大。例如，社会养老服务体系相关政策法规未完善；养老领域严重缺乏社会资源补助；养老服务的人员严重缺乏。

因此，要想破解这些居家养老难题，除了政府对相关产业布局的规划和扶持，关键还需要我们企业提高为老人服务的内驱力。

我多次去往各地不同的养老院调研，观察老年人的心理，通过一次次的接触、认识与了解，让我更深刻地感受到践行“爱与陪伴”的意义。虽然各地养老院的设施和服务不同，但是从老人们的目光中我们却看到了同样的眼神——强烈渴望陪伴、关注与爱。这样的眼神让我的心里很不是滋味。我想通过自己的方式去赶走老人心中的孤独，让他们重拾简单的欢乐。但是第一次我就失败了，想起在创业第一年时，我亲自服务过的一位顾客张老伯，他当年76岁，在我与老人家沟通的过程中，总感觉老人心门紧闭，不愿与我推心置腹地交谈，这让我十分苦恼。于是我开始思考、总结了与老人沟通的技巧，我试着用真心的言语，热忱的态度，像对待我自己的父母一样亲切地握起老人的手，当张老伯感受到我真诚的关心和爱时，他内心的那座冰山才渐渐消融，直至敞开心扉。后来，每天我在店里为老年人泡脚的服务中，为他们唱他们喜欢的歌，与他们聊他们喜欢的话题。这样温馨的画面，现在想想也很美好，它让我从中感受到了服务的价值和生命的意义。

从那以后，我才慢慢摸索出了陪伴式服务模式，才有了今天这本书的诞生。

精确到每一条的空乘式服务标准，每一天都让客人宾至如归

最近几年，社会上的公益组织越来越多，而与老人相关的陪伴式服务成为很多企业和公益组织热衷的项目。项目做得多了，服务做得久了，慢慢就会形成适合企业自身的、最基本的服务准则。就像日本的老年社区对老年人的用餐服务，会精确到每一种营养成分的餐食结构。人总有累了的时候，再优质卓越的服务，想要年复一年地坚持下去，一定有一些东西是刻在骨子里的，例如我们公司的“华亚人十做到”。

“十做到”都要做到什么？

1. 企业文化熟记于心，融入血液，落地践行企业文化、孝爱三字经。
2. 规范自身行为，具体包括：

①同事之间团结友爱互帮互助；

②注意仪容仪表；

③见面微笑问好；

④不允许传递负能量；

⑤不诋毁对手，不贬低同行，不辜负客户；

⑥不允许背后议论人，传播小道消息；

⑦不允许乱丢垃圾、随意摆放物品，保持干净整洁；

⑧爱护公共财物，节约用水、用电，随手关灯，不在办公室内抽烟；

⑨严格遵守公司管理制度，不迟到不早退。

3. 相信公司，听话，照做，执行力。

4. 可以随时随地为企业提供建设性意见。

5. 以企业发展为荣，以止步不前为耻，与企业同进退，本着经营良心，共同经营人品，辅助经营自己。

6. 遵守职业道德，保守公司商业机密。

7. 维护企业形象，加强品牌建设。

8. 做到四个凡事：凡事积极主动、凡事认真负责、凡事全力以赴、凡事不找借口。

9. 凡事以结果为导向，做有结果的事。

10. 敢于承担公司和社会责任，勇于发扬企业民族孝爱文化。

企业的创始人就如同一艘船的船长，既需要把握航船前进的方向，还需要给航船设置跑道航线，这样才能保证这艘船沿着正轨驶向终点。因此，当企业在发展过程中形成了一些标准化的东西以后，要及时地形成条文准则。这与我们前面说的“心比手册上的说明更重要”并不冲突。因为我们始终将顾念他人之心放在第一位，说明和准则只是工作中的辅助，但士兵出征总要带上枪，辅助工具一定要有。

也许很多人认为，我们用专业的服务花时间去陪伴老人是在做善事、做好事，但是只有真正陪伴过老人的人才能真正感受到：我们陪伴老人的同时，老人也在用生命陪伴我们。而陪伴这些老人对我来说，就是一次又一次地让我重新审视自己的生命。“但求好事，莫问前程”，既然选择了大健康这条路，我们便不会轻言放弃，因为这是一条让我与更多幸福、快乐时刻相遇的人生路！

仲妈陪伴心语

华为创始人任正非曾说：“最好的防御是进攻，要敢于打破自己的优势，形成新的优势”。的确，华为从20世纪90年代到21世纪一直在不断创新，超越自我，通过产品研发、组织变革以及全球化战略、核心技术创新，历经30年的发展将华为打造成全球最知名的品牌之一。

我说过，准则不是唯一的标准，我们也会在发展过程中不断超越自己。企业若想不断升级、创新、进取，需要记住以下四个要点：第一点，不忘初心，找准定位；第二点，打磨提升产品和服务质量；第三点，团队凝聚力很重要，但也要发挥个人所长；第四点，坚决贯彻并执行国家政策。

华亚众盟将持续践行航空式的礼仪、尊重、大爱与因果，实实在在地为老年朋友的健康努力奋斗！

第五章

110 式服务：做解决问题的人，弥补遗失的幸福感

纵观中国企业这么多年的发展过程，大多侧重于做产品、渠道和销售。目前，我们在市场上遇到的最大变化就是：顾客不足和消费改变。这两个特征的出现是一种警示，告诉我们现在服务最重要。企业服务的核心不再是吸引人的关注点，而是真真正正地解决实际问题。华亚众盟独有的“110式服务”的思维逻辑，就是为解决问题而存在的。

5.1　110服务的本质：解决问题

《致加西亚的一封信》讲述了美西战争中一名普通的中尉，接到一个危险又充满未知性的任务——把信送给古巴将军加西亚时，没有丝毫犹豫，也没有询问任何问题，凭着军人的信念和永不放弃的精神，克服重重困难，最后胜利完成了任务。这本书之所以畅销，就是因为具备完美的执行力是非常重要的，只有用积极向上的态度去不断解决问题才能获得成功。

由此可见，解决问题是人的基本能力。比如你连吃饭、穿衣等这些小事情都无法独立完成，还怎么长大呢？如果你在一个行业摸爬滚打十多年，还有很多不会解决的问题，如此看来你也只能赚死工资，难有大进步。

解决问题的能力对个人发展影响巨大，也影响企业的服务品质。有着“百货界的巨头”美誉的胖东来就非常重视顾客的问题，尤其是他们在处理顾客投诉方面做得几乎无可挑剔。

一位企业家朋友给我讲过这样一个故事，一位顾客在胖东来买了一个榴梿，回家后发现是坏的，便通过微信留言寻求解决问题的办法。我们可以从顾客的评价中看看胖东来是怎么解决问题的。

以下是该顾客描述的整个事件的经过：

说实话，胖东来的服务态度真是无可挑剔，因为买的榴梿坏了，我就在公共账号留言等待处理意见。第二天一上班我就接到了胖东来的电话，首先对此深表歉意，然后询问是否食用了坏产品，有没有其他不适的感觉，最后说会免费上门退换榴梿。我说我自己可以拿着榴梿过去，对方说已经很抱歉了，不能让您来回跑。随后，商场的人找到我，爽快地全额退款，然后送给我一个新的榴梿，一个劲儿地和我道歉。我原本不爽的心情早已烟消云散，反而感觉很不好意思。

员工辛苦的汗水换来了顾客的称赞：

我真的很欣赏胖东来"不满意就退货"的经营理念。问题解决了，随后我在公众号下面留言，描述整个事件发生的经过，感谢商场快速解决问题，并送上我深深的祝福。

经此一事，这位顾客绝对成了胖东来的忠实粉丝，胖东来企业收获一个长久客户，这个客户还会不遗余力地宣传胖东来。最难得的是，胖东来能够始终如一地处理客户投诉意见，连续保持同一个水准，并且能够长久坚持下去。它这种不惜代价把最优质的服务提供给顾客的做法，是很多现代企业做不到的。不考虑处理成本，也不追求利益至上，仅仅是想为客户解决一切问题。好的服务就是这样，详细地考虑顾客提出的问题，永远是顾客利益至上。

初心好立，坚持很难。

对服务行业的企业来说，**服务的本质就是为顾客解决问题**。不能帮顾客解决实质问题，一切服务的体验都会大打折扣。顾客花了钱，也享受到了你提供的服务，但却没有解决他的痛点，此时顾客仍旧责怪你似乎显得有些不近人情，毕竟你已经竭尽所能地展现了你的分析能力和顾问精神。可是如果客户不责怪你，你的确没有帮助客户解决问题，还浪费了他的时间和资源，这样的服务还有什么意义呢？

110式服务：快速响应，随叫随到，解决问题

有这样一部电话，全年无休，为大家提供昼夜服务，即使你的手机欠费也仍旧能打通这个号码，它就是被人们誉为“生命线”的110服务热线。人们已经形成惯性思维，只要遇到麻烦第一时间拨打110，这也是华亚众盟为顾客提供110式服务的初衷。

110式服务，即服务人员能在问题出现之前，先有效地界定问题，在发现问题后第一时间响应问题，并以帮助顾客从根本解决问题为目标，迅速地给出合理甚至超出期待的问题解决方案。

对服务业的从业者而言，110式服务的对象可以是产生购买或有消费行为的顾客（由于陪伴式服务主要是服务于老年群体，因此这里主要指顾客），也可以是与企业有合作关系的客户。服务的宗旨是：帮顾客解决问题，并且要从被动接收问题变为主动发现问题。

该模式的核心内容可以简单概况为三点：

第一，快速响应——“我需要你时，你刚好在”。

第二，随叫随到——“我需要帮忙，你刚好赶到”。

第三，解决问题——“我不再有后顾之忧”。

事实证明，110式服务模式对华亚众盟的发展起到了推波助澜的作

用，尤其在线下门店得到有效运用。只要顾客的一个电话，我们便会想尽一切办法解决问题。

曾有朋友问我是怎样的契机和灵感让我开创了110式服务模式。其实，这源于我的一次真实经历。

创业初期，为了开拓市场，在一个风雨交加的夜里，我搭乘朋友的车前往某企业与人谈合作，途径太原市中心最繁忙的十字路口时，朋友的车毫无预兆地无法启动了。反复尝试后好不容易再次启动，正当朋友在十字路口准备左转弯时，车子再一次出现了故障。

半夜又下着雨，我想，在情况变得更糟之前，我得先帮朋友解决目前的问题。此时，我急需一个专业人士告诉我们车究竟出了什么问题，能否修好。朋友忘带了手机，于是我致电客服说明紧急情况，一个小时后，终于等来一位修理工，他打开引擎盖，环顾四周后告诉我，他也不知道故障的原因在哪里。修理工也看出我和朋友都很郁闷，对我们说他们那还有几位修理工，可以喊他们一起看看，一定会解决问题的。听到他说他一定能解决问题，我也松了一口气。

我们的车子问题很棘手，他本可以说解决不了，然后就一走了之，但他让我们再等等，努力地帮我找其他人解决这个问题。他想要努力再进一步解决问题的态度是我最欣赏的。毕竟当时的我们很无助，真的需要帮助。

后来，当我再回想起这件事时才发现，这不也是我的顾客想要的吗？顾客付钱不只是为了享用服务，而是希望通过我们的服务解决根本问题。说到底，**顾客购买的是我们的解决方案**。

所以每当有人问我："仲总，您能向我们传授一下提升销售业绩的秘籍吗？"我总是这样回答："很简单，但凡业绩做得好的人都是有大爱之人。"

销售就是把产品卖给顾客这种想法显然是错误的，销售的本质是帮助顾客获取成功。当你帮助顾客赚钱或者省钱了，他自然会买你的东西让你赚钱。杰克·韦尔奇是美国通用电气前首席执行官，他曾说：“我发现一个不争的事实，如果我们所做的一切努力都是为了让顾客更加成功，不可避免的结果就是顾客对我们在财务上的回报。”简单地说就是我帮助顾客解决问题或者满足他的某种需求，和他成为朋友或伙伴，我便能收获我想得到的利润和认可。

但在现实生活中，先入为主的观念深入人心，每当遇到问题时，很多人往往不经思考就套用以前的解决方案。然而，我们每天面对的顾客都不一样，面临的问题也不是一成不变的，以前的问题还没解决，新的问题就又出现了。由于新问题比较隐秘，我们没有多加思索，就按部就班地去解决，在不知不觉中偏离了正确的方向。出现问题我们也懒得自省，总是想着稀里糊涂就把顾客应付过去了。这种惰性思维，会导致我们逐渐丧失思考问题和发现问题的能力。

从事服务业本就需要我们有更多的耐心，而华亚众盟的顾客大多是老年人，他们也许接受能力不如年轻人，也许他们总是反应慢半拍，这就需要服务人员拿出更多的耐心。可我们线下门店的员工多为年轻人，都说“年轻气盛”这也可以理解。但我在巡店的过程中我发现，很多人性子急，在没有弄清楚问题究竟是什么的时候，就开始解决问题，最终的结果就是越来越糟糕，处理方向不对。想要开始进一步解决问题一定要先清楚：解决问题的流程是什么。

第一步，理解问题。

理解问题也是理解需求的过程。绝不可以在不了解问题缘由的时候就贸然分析，甚至直接开始解决问题。

第二步，获得信赖。

一个顾客若是信任你，会把事情全权交给你处理，你们的合作是身心愉悦的，那么当他们再有需求时你绝对会是第一个进入他们脑海的人。

第三步，建立关系网。

建立关系网可以增加彼此的信任。任何一个顾客都懒得从搜索引擎中去找对自己有帮助的解决方案。因为这种搜出来的答案过于模糊，不能真正帮助他们解决问题。每当遇到这种情况的时候，我们可以回复说："很抱歉我不知道该如何解决这个难题，据说XXX可以，如果你愿意我可以帮您联系他，直至完美解决这个问题。"

第四步，给出解决方案。

想法付诸实践才有价值。把你的想法讲给顾客，让他们知你所想，你也要详细地告诉顾客该如何解决当下问题。你的建议能够帮助客户维系关系，也是你价值的体现。这时他们通常会说："你的想法听起来很棒，什么时候开始行动呢？"

第五步，提供附加价值。

大家都喜欢获取，尤其是对那些期待值外的获取，一旦有所收获就会特别兴奋。我们的顾客在店里享受的不只是免费泡脚的服务，更是那些千金难买的如儿女般的陪伴。因此，不妨试想除去固有价值外，你还能提供给顾客什么额外的价值呢？能为他们多做些什么呢？

也许你会问，所有做的这一切你会有什么收获？

第一，赢得更多回头客。

也许他们会忘记你做的事，说过的话，但是不会忘记你带给他们的温暖感觉。如果你时刻把顾客的困难当成自己的困难，尽自己最大的努力帮助他们解决问题，当他们下次遇到问题时一定会首先想到你，再次找到你。

第二，获得更高报酬。

通常情况下，顾客更喜欢找到一位综合能力强的人帮助自己解决所有问题。如果你不仅能够帮助顾客解决问题，还能利用自己的关系网找到更专业的高手一起解决问题，长期来看你会帮助顾客节省大量开支和时间。他们只需和你一个人联系，你就可以帮助他们解决所有的难题。通常这时，顾客会给你一份丰厚的报酬来感谢你。

第三，制造口碑效应。

当你成为一个问题解决者，在你提供服务的同时也会获取更多的人脉，随之你会有越来越大的影响力，结识更多的朋友。朋友又会给你带来更多的顾客，相互作用，实现共赢。

史玉柱曾说："我可以卖出任何商品！"很多人都认为他是在吹牛，其实不然，他说的卖出任何产品是建立在卖解决方案上，而不只是单纯地卖产品。从本质上来说，解决方案也是在服务于顾客。

所以，不管你是否从事大健康行业，都不能为了买卖而买卖。你要为你的顾客提供服务——帮助顾客解决问题的服务。这一经营理念也符合我尊崇的儒家"以人为本"的思想。我们就是要做解决问题的人，而不是把问题抛给顾客或他人，更不是问题的制造者。沿着这个思路，接下来，我们逐一解决了三大难题：顾客不信任的问题；员工不被尊重的问题；管理不集中、不可控的问题。每解决一个问题，都是一次自我超越的过程，我们不断地越过前面的高山，也终于无限接近光明的坦途。

仲妈陪伴心语

马云在一次演讲中说："要成为了不起的企业，必须解决了不起的问题，想成为伟大的企业，必须解决伟大的问题。"

让顾客认可你一次容易，认可你一辈子绝非易事。你可以靠着花言巧语、销售技巧，甚至是某些小手段让顾客认可你一次，但认可一辈子，靠的是朴实+勤快+专业+真诚，能够为顾客持续创造价值。

当然，世界上没有不付出努力就能换来的成功，也没那么多的天赋异禀，都需要你的坚持和努力，不断进取拓宽自己的道路。

5.2 设立督导部解决顾客不信任的问题

美国心理学家安德森曾在一张表格中罗列了550个描写人的形容词，然后让大学生们选择自己最喜欢的和最讨厌的并加以排序，统计结果显示，在人际关系中最受欢迎的十项人格依次是：诚实、诚恳、忠心、理解、可依赖、可信、关怀细心、聪明、热忱、体谅。最不受欢迎的十项人格特质依次排序是：欺诈、精灵古怪、残忍、恶意、不真实、不诚实、不可信赖、做作、贪得无厌、冷漠。

不难看出，“信任”是建立人际关系的基础，“信任感”是一个很玄妙的东西，它是某种直觉或感觉，说不清由来。例如，有时你对某人产生了信任感，无论他说什么你都相信；有时你对某人就是没有信任感，不管他如何游说，多么动之以情，晓之以理，你都不相信他。服务行业也是一样，尤其像我们服务中老年朋友的工作是个特殊的岗位，肩负重大责任，业绩又难在短时间内体现。有时，并不是把服务工作做好了就能取得顾客的信任。但如果没有顾客的信任，你的服务就像是在沙滩上写字一样，多认真都抵不过一阵突然拍打而来的浪。试想，为什么人民群众遇到突发紧急事件时，会第一时间想起拨打110求救？因为在人们的观念里，110始终是一个被人民群众所信赖的数字，警察就是人民群众最信任的“守护神”。同理，顾客在想到某个产品或服务，或遇事时第一个想起你也一定是基于你在服务过程中与之建立起来的信任关系。

我们线下的门店是否遇到过这样的问题？如果服务出现问题时，

因为我们处理方式不当而失去了顾客的信任，这种“失去”不是单次的交易，而是将可能建立起的长期关系瞬间打破，毕竟，原谅容易，再次信任却很难。但话说回来，如果我们应对措施得当，就可能“因祸得福”与顾客的关系更进一步。

服务行业不怕冲突，这是建立信任感的最佳契机

从心理层面剖析，信任感是一种情感体验，这种情感体验源于个体对周围人、事、物感到安全、值得信赖和可靠，这种感觉通常在个体感到某人、事、物具有可预期性、一惯性和可靠性时产生。

我想起两件自己亲身经历的小事。一天中午，我提前订好外卖准备犒劳饥肠辘辘的胃，很不巧这个外卖送丢了，我就没吃上饭。外卖小哥、平台都诚恳地向我致歉，并给予一定的补偿，这件事儿就算过去了。但从另一个角度来讲，这件事还没有结束。这件事的所有后果是我一个人在承担，由此及彼联想到我自己的企业。心想我的员工千万不要犯类似的错误，不要以为道歉了，原谅了，一切就烟消云散了。其实这件事情的最后结果不只是作用在我的身上，虽然我理解外卖系统的崩溃时有发生，也理解商家和外卖小哥的不容易，但抛开任何情感色彩，我如果对平台失去了信任，原谅很容易，再次信任却很难。

还有一次，我在一个电商网站上买了一本书，书到了后我发现其中一页纸是脏的。对于一个爱书的人来讲，这是零容忍事件。我马上找到了客服，和他讲述事情始末并配上图片发送过去。客服听完我的阐述马上给了我如下回馈，首先向我表示诚挚的歉意，然后请教我一个问题，提出两种解决方案。她问我这本书是送人还是自己看，如果是送人的话会以最快的速度重新邮寄一本全新的，并确保没有任何破

损；如果是自己看，现在马上赠送我一张50元的代金券并询问我的意见。

事情发展到这，我就有了选择，在这短短一分钟的对话中，我感受到了这是一个训练有素的客服，背后是一个有章法的公司。首先，事件发生后，她没有和我纠缠对错问题，而是用极短的时间真诚道歉，然后迅速行动。其次，给我两种解决方案，尤其是选择用50元钱的代金券留住我，看似损失50元钱，其实是在引领我二次消费，对书店更加信任。由此可见，这个社会并不怕冲突的发生，西方社会学的冲突管理理论将冲突视为人与人之间互动的一种形式。冲突每天都在上演，只不过我们在冲突发生后，需要在一个恰当的时机展现自己的魅力，达成自己的目标。如果你想做一个讲信用的人，就不要轻易许诺，也许你随口说话的“有机会下次聚”就是他人不信任你的起点，你的搪塞正在降低你的可信度。

为了精准地了解顾客的意见和需求，找到顾客不信任的原因，我们的线下门店成立了顾客委员会，委员会的主要工作是收集顾客意见，调解门店顾客之间的日常纠纷，提升顾客与门店之间的黏性和信任度。但事实上，无论顾客不信任的原因有多少，归结为一点就是：他不认可你。案例中的事件都出现了对服务不满的情况，由于应对措施不同，用户感觉就不一样。做好服务工作，信任是最重要的，只有顾客信任、认可我们，企业才会发展，俗话说：“人无忠信，不可立于世。”建立信任只靠语言是不够的，而是看行动的魅力。那么问题来了，线下门店的员工众多，顾客遇到的问题各异，如果没有一个流程化的内容指导员工的行为，如果没有人来监督员工的行动，最本质的问题往往难以解决。为此，华亚众盟成立了市场督导部门。

顾名思义，**督导，就是监督与指导，最早来源于家电行业，是指机构**

内资深工作者对机构内新人工作者、实习生、志愿者、一线初级工作人员进行监督和指导。

门店督导是公司与门店之间的桥梁，工作多任务重，主要负责三大板块，起承上启下的作用。

1. 文化的传承——孝爱文化；
2. 服务的落地——端泡脚水；
3. 店面的监督——门店管理。

如果进一步对这三大板块进行细分，事情就更多了。我将在下个篇章详细解读文化的传承与落地。而从服务的角度来说，督导最重要的职责是监督管理线下门店的服务，第一时间协助线下门店解决各类问题，提升门店的服务水平，指导帮助门店员工与顾客建立长期信任关系。

华亚众盟某线下门店有一位顾客钟爷爷，他的女儿在外地，儿子在太原，自己独居，患有轻微白内障。我们的线上督导总监张洁了解到钟爷爷的生活状态后，迅速组织了专帮小组，定期去照顾爷爷的生活起居。他的儿子小钟知道我们多次上门帮助后，认定我们是骗子：“哪有这么好的事儿，不会有这么好心的人来不计得失地帮助老人”，甚至把钟爷爷的房产证拿走了，想着“老人没钱了，看你们还帮不帮”。有一次钟爷爷不小心摔倒了，门店的员工及时把他送进了医院，结果医生诊断钟爷爷为脑梗。小钟的朋友受托来医院看望钟爷爷，看到我们无微不至地照顾老人，对我们印象有所改观。小钟听了朋友的话发觉自己之前误解了我们，第二天赶到医院，对我们表示感谢，后来，钟爷爷的女儿赶到医院，送给我们一面锦旗以表谢意。锦旗拿在手里，这份沉甸甸的信任，是感恩也是我们的动力。

通过这件事情，张总监带领一众督导开始深入各地市场调研，帮助线下服务人员总结出如下方法，建立顾客对员工的信任感。

第一，示之以威。

赢得他人信任的第一步，是表现出自己在某个领域的绝对专业和权威性。在某个领域越专业，就越容易获取他人的信任。

第二，动之以情。

只有权威的身份还不足以获取信任。俗话说“千金难买我愿意”，从事服务工作的人最能体会“乐意”的重要性。我们要动之以情，晓之以理，利用“乐意”的情绪建立信任感，这种情绪不只是快乐，也可以是愤怒、焦躁、嫉妒、悲伤、恐惧等，都可以用来打动他人。

第三，释放善意。

每个个体都是友善的，团结在一起凝聚成一个紧密的群体，双方都从这个群体中获取利益，因为这个群体稳定性强，所以难以被入侵和破坏。

第四，给予反馈。

释放善意绝不是愚蠢和无止境的退让。如果你的善意遭到了曲解和背叛，应及时给予理性的警告，而不要一味地退缩。

第五，坦诚相待。

坦诚相待是获取信任感的基础，对方更容易理解你，引起共鸣。在此基础上，降低彼此的戒备心，提高信任度，建立更好、更巩固的关系。

第六，不要冲动。

生活中，有太多是与非的博弈，与其玉石俱焚倒不如各退一步。

这需要非常冷静和理性的心态，不被失败、挫折和背叛影响。

任何行业都需要信任，建立信任不是一开始见面要做的事，更不是一次见面就能做成的事，而是在整个服务过程中始终要做的事。建立信任不是技巧问题，而是思维问题，你必须把顾客放在首位，通过满足顾客的利益进而满足自己的利益，用双赢思维思考问题。总之，建立信任是一个长期循序渐进的过程。想让顾客真正信任你，没有人能一劳永逸！

仲妈陪伴心语

信任不是一句空话，不是我一边对员工说着“我相信你”，一边处处质疑他的能力。信任更不是一种反话，不是我一边和客户笑谈合作，一边拿着手机录音以备不时之需。信任是一种能够反映A和B之间关系的一种行为方式。我希望我能够生活在一个A信任B，B也能够和A进行深度交谈的社会里面。如果有可能，我希望在服务行业，我们与顾客的关系处于对峙的时候，都能放下彼此的成见，为解决问题共同努力。

5.3 举办慈孝文化节解决员工不被尊重的问题

与升职加薪相比，员工更需要的是被尊重，每个员工都想有尊严地工作。可悲的是，很多管理层根本没有意识到这个问题。总结起来，员工在意的尊重有两种：

第一种是来自企业内部的尊重。这种尊重又分为两类：其一是团队或组织中的成员，都应该平等地获得“应得的尊重”。他们都希望自己被接纳，无差别对待。其二是对那些拥有可贵品质或行为的员工给予充分的肯定和赞许，这就是“赢得的尊重”，了解并肯定每位员工独有的才能和长处。

第二种是来自企业外部的顾客的尊重。这种尊重也分为两种情况：其一是有时企业过多地重视顾客的要求而影响到员工的工作和职业的安全感，他们就会感到不被尊重，甚至产生怨恨情绪。

如今，越来越多的企业都开始重视客户参与，通常会发一些意见卡、调查表让顾客填写对产品和服务的建议或意见，这种双向沟通成为顾客和企业之间的纽带。它能够加强顾客对品牌的忠诚度，甚至促使顾客愿意用更高的价格购买公司的产品或服务。

然而，这种做法最难的是对尺度的把握，当顾客受到鼓励口若悬河地发表自己的见解时，没有意识到一线员工有被“威胁”的感觉。即便有些一线员工坚定地执行公司的命令，他们有时候会觉得自己像夹心饼干一样，一面是顾客观点，且不说顾客的观点是否合理，另一面是自己认为合理的做法。有时，顾客希望一线员工向领导层传达信息，但这些信息本质上会损害员工利益。

其二是一线员工在服务的过程中难免会遇到“难缠的顾客”，不被顾客尊重。这一点几乎是所有服务行业的从业者都不可避免的问题。每个公司都有一部分难缠的顾客，他们是必然存在的顾客群体。称之为群体就说明了这样的顾客并不只是一小部分，也许你的顾客中大部分都是这样的难缠顾客。如果你有办法应付他们，也就找到了增加顾客留存的办法。但更多时候，他们会对你呼来喝去，不会彬彬有礼。面对这种情况，首先我们要做的就是自省，看看是不是因为自己的某些疏忽，或者遗漏了哪些服务环节，又或者你没有及时把产品送到顾客身边，甚至因为在打电话的时候没有使用敬语……但如果我们的员工每个方面都已经做得很好，顾客依然不依不饶，甚至对员工颐指气使、随口谩骂，这就需要企业出面来解决。

慈孝文化节：打造相互尊重的文化，守护好员工与顾客的精神花园

华亚众盟线下门店的员工年轻人居多，他们也是父母眼中的掌上明珠、心肝宝贝，在我眼中，他们是我的家人，更是我的孩子，我的孩子也应有尊严。

在公司成立十一周年时，华亚众盟举办了慈孝文化节，用文化的形式动之以情晓之以理，来解决员工不被顾客尊重的问题，让她们工作得更体面更有尊严。

华亚众盟的慈孝文化节通常是以“慈孝”为主题，通过社区组织、社区志愿者、社工等搭建大舞台，开展慈孝节公益活动、慈孝文化主体宣讲活动。为创新慈孝文化内涵，从小事做起，从细微处着手，发扬传统美德，引导员工“明礼知耻，守信厚德，敬老尊贤”，

引导顾客“心胸豁达，宽以待人，一团和气”，促进员工和顾客和谐相处，引领慈孝风尚，为员工赢得多一份尊重与信任，为社会主义发展贡献力量。

传承慈孝文化不仅需要社会和政府的大力支持，更需要每个人的积极参与，你可以在慈孝文化节上听到各种令人动容的故事。

爱是世界上最神奇的情感，说不清道不明难以形容，你一旦被爱包围，便倍感温暖和快乐。华亚众盟这些年发生了无数充满爱的故事，只不过不是所有故事的开篇都是和善的，我们也有被误解、诋毁的时候。

王奶奶是一位年近七旬、爱美的老人，也是我们的老客户，每次来到门店大家都说“开心果”来啦。可自从王奶奶的老伴儿于年前去世后，王奶奶开始变得喜怒无常，儿女不在身边，她又不愿意离开充满回忆的家，自己一个人守着空荡荡的房子生活。基于王奶奶目前生活的特殊性，公司特意派了两名和她子女年纪相仿的员工去帮助她。只是没想到，第一次上门就直接被赶了出来。王奶奶认为这两个员工是专门气她的，侧面打击她的孩子不在身边，又哭又闹甚至要上吊，在楼上大喊我们是坏人，专让老人伤心的坏人。把员工带去的礼物和基本生活用品都扔了出来，随着王奶奶的哭闹声越来越大，汇聚了越来越多的人，开始对着两名员工指指点点。他们也真是委屈极了，即便眼含热泪也仍要整理王奶奶丢得到处都是的衣物、食物。一次不行就两次，两次不行就三次，这两名员工真的把王奶奶当成自己的家人，就像自己的妈妈打几下、骂几下还真能不理她了吗？随着他们的多次到访，王奶奶的情绪稍有控制，虽然仍旧没有好脸色，但至少不闹得满城风雨了，这就是改变的开始。他们给王奶奶带去有助于她身心健康的食物，给她讲有趣的故事……慢慢地，王奶奶走出了阴霾，又开始穿着美美的衣服，喜欢拉着这两个员工去海边享受阳光。走出情绪低谷的王奶奶似乎忘记了那段阴暗的日子，两位员工也总是彼此打气，告诫对方千万不要再提及过去。其实我知道，这两名员工内心有委屈、有苦恼，只不过看着每天开开心心的王奶奶，受过的委屈又算什么呢？我也被深深感动着，王奶奶对他们虽然没有语言上的认可、赞美，但我知道王奶奶越来越和善的态度和不经意间流露的笑容就是对他们最好的尊重，最好的爱。

爱老人，老人爱我们，当我们把爱上升到更高的层次，谁还会在乎那句未曾说出来的“对不起”呢？我相信，事实胜于雄辩，每次去陪伴王奶奶，邻居们竖起的大拇指，点头微笑就是对我们最好的认可和尊重。

总之，企业需要营造一种乐观、积极向上的文化氛围，员工也会充满正能量，不会在工作中投机取巧、工于心计。美国西南航空公司，成立40余年，始终坚守“员工至上”的文化理念，看到公司如此看重自己，大家都加倍努力工作。

顾客并不总是“上帝”，员工也是人。作为管理者，心中应该有一杆秤，也要有双明亮的眼睛可以辨别顾客的无理要求，适时地保护自己的员工不受伤害。虽然公司都希望员工以公司利益为重，但如果管理者一味地要求员工忍受而忽视了员工的情绪，最终结果会适得其反。管理者的职责之一就是为合适的工作找到适合的人，建立充满尊重氛围的工作场所，让员工实现价值。别因为某些“野蛮顾客”辜负了员工！

今后，我们还会继续举办慈孝文化节，并加入更多公益元素，以慈孝文化节的形式，呼吁社会各界弘扬慈孝文化。让越来越多的人找到属于自己的精神花园，让爱之花绽放、吐露芬芳，让更多人感受到孝老爱亲的温暖和力量。

仲妈陪伴心语

尊重就像空气，平时人们感受不到它的存在，或者说没有特别在意它的存在。可是一旦缺少空气人会马上感受得到，人缺少尊重也是如此。获得了尊重，员工会更有凝聚力，对企业高度忠诚，这也能够促使他们快速成长和进步。

我常常告诫自己，企业要发展，但绝不能亏待任何一个员工。我深知企业要发展，就要把每个员工都当成我的家人、我的孩子，决不能让他们受半点委屈。在我眼里，华亚众盟从不是我一个人的，而是大家的，没有大家的努力就不可能有今天的成绩。员工奉献企业，企业理当回馈员工，这是我的初心，也是我坚守的底线。我希望我可爱的孩子们能在这个大家庭中找准自己位置，通过自己的努力实现人生价值。

5.4　运用大数据解决管理不集中、不可控的问题

数字时代的到来催生了大数据这一新型生产要素，如今，企业的经营与管理已离不开数据的支撑。与传统生产要素相比，大数据具有可共享、可复制、无限供给和增长的特点，大数据是连接物理世界与数字世界的纽带，二者驱动企业数字化转型升级，实现企业持续创新发展。2020年，在疫情、新基建等外因催化下，很多行业受冲击严重，急需开展线上业务，一时间数字化转型成为各行业最紧要的事情。

这一点我深有体会，如果没有数据系统的支持，线下门店在实际运营过程中会面临诸多问题。我曾经和一个老板交流，他自称有3000多家线下门店。

场景一

问：你说的3000家门店是你控股的门店吗？还是其他形式的连锁门店？

答：都不是。

问：那你的意思是说曾经，或现在，有3000多家门店在你这里进货？

答：……可以这么说。

问：换句话说，就是你只是为这些门店服务过，你们之间是松散脆弱的服务关系，他们并不听你的指令。

答：……是这样。

点评：那些号称百万店铺的真实状况大抵如此。

场景二

问：如果以月为单位，大概有多少门店来你这里进货？

答：……每天大概要送100多张单子，有的门店会在一个月内连下几张单子，具体数量没有统计过，大概是……

问：哪些门店是高质量用户，哪些门店流失率高？

答：有很多大单用户在我们这长期进货，他们是……（凭借记忆，如数家珍）

点评：没有掌控店铺在销售漏斗中的具体位置。

场景三

问：通常情况下，门店下单周期是多久？

答：各店铺不一样，没有具体的固定规律。

点评：没有精准数据支撑，无法分析门店采购周期。

场景四

问：门店进货都会去哪里，在你门店进货占比是多少？

答：目前我只知道仓库里哪些东西好卖，但确实无法精确到具体门店。

点评：无法满足不同门店的个性化采购需求。

综上所述，没有大数据支撑，企业无法对门店进行个性化服务，该老板几乎是凭感觉和记忆在做生意。

这就不难解释，为什么有些销售团队明明已经很专业了，但每当算到盈利结余时结果都差强人意，原来是因为他们在数据体现和应用上存在很大的欠缺，导致出现内部管理、薪酬绩效等一系列问题。如今，多数企业仍旧在“数据找人”的阶段徘徊，数据处理的效率和能力都有待提升，管理不集中、不可控，很容易导致实际运营和企业发展理念步调相反。

随着数字经济的发展，数字逐渐成为企业的重要资产，企业首先要解决的问题就是如何管理海量的数据。现阶段，**企业的数据资产多存在于不同的地理位置和设备、设备服务器和云端上，设备终端总是被大量数据包围，导致管理不集中、不可控，形成了数据孤岛。打破这种现象，企业才能实现数字资产的集中管理，让数据变得有高度，可调度性强，更好地为企业服务。**

马云说，接下来能够超越他的一定在大健康行业，但必须是用大数据杠杆撬动大健康。其实马云的意思是，人们越来越重视子女、父母和自己的健康问题，但这个健康行为一定要在互联网大数据的参与下完成。随着人工智能、移动互联网、大数据等创新技术的发展，在国家人工智能规划的引导下，健康全流程管理的各个环节将会越来越智能化，未来的大健康产业也将是大健康+大数据。

未来，在数据驱动、云计算、物联网和AI协同发展下，数据驱动门槛会继续降低，企业运用数据的能力逐渐增强。各种技术的相互融合将大幅度提升数据驱动效能，帮助企业快速实现数字化驱动发展。

打造数据驱动型企业，让服务“即时生效”

每个企业经营背后都有一套系统的思维框架。当了解并掌握系统化的思维后，我们就可以用更有效的方式驱动业务改进，更好地管理企业，同时提升服务客户的能力，以便更好地为顾客解决问题。

什么是数据驱动?

平时，大家讨论一个项目该不该做多凭感觉决定，这种决定方式错误率极高，最好的方式是靠数据驱动。**“数据驱动型就是根据证据做出论断。”**例如，一个产品界面的背景颜色，是选红色还是选蓝色。我们可以做一个测试，让一半的人选择红色背景，另一半的人选择蓝色背景，然后统计用户点击量，最后选择点击量多的那个。这就是数据驱动，通过数据来做决策。

当然，企业首先要有使用数据的意愿和技能，如果一个企业不相信数据分析会加速企业进步和发展，看不到数据分析的好处，那么收集再多、再有效的数据也是零。

不久前，门店发生一件对我触动颇深的事情。有一天马阿姨来店里泡脚，聊天的过程中告诉我她现在有轻微的小脑萎缩迹象，医生说是阿尔茨海默病的前兆，总是忘东忘西，子女都身居外地。老人便请求我尽量送泡脚药上门，免得自己出来忘记锁门。我听后爽快地答应了，承诺老人一定做到并会定期去家里做些力所能及的事情。尴尬的是，因为每天顾客很多，我就把马阿姨的嘱托抛之脑后，完全忘记了这一回事儿。许多天后接到马阿姨的电话，我才想起来，于是马上和同事去阿姨家里送药，带去温暖也带去歉意，请求阿姨的原谅。

通过这件事，我深受启发，超人也有累、有出错的时候，我们要想服务更多的老年朋友，就不能一味地靠人来解决问题。管理好一个企业，除了要有足够的资金流，精确的信息流同样很重要。

下面几点是我在和几家企业合作的过程中，总结出来的有关如何通过打通数据，打造让服务真正物有所值的文化的最佳实践：

第一，设定数据策略。

设定数据策略不同于设定目标。设定目标是从开始，每件事情都要和高层管理者或整个组织目标一致。然后于每个子团队而言，数据策略可以是不同的，但依旧会帮助企业解决终极问题。

第二，民主化数据。

我们生活的环境本就充满了约束和规则，不是所有的组织都能够实现数据民主化，尤其是在医疗保险、银行等行业。那么我们该如何实现数据民主化呢？最直接的办法就是找到相关决策者，向他们提供相关数据增强他们的决策能力。也就是说向正确的人提供准确的数据，增强他们做正确决策的能力。

第三，构建数据驱动的文化。

作为领导者，可以在组织中创建数据科学和分析文化，鼓励员工养成查看数据再做决定的习惯，这是“行动要点”。构建的分析文化与企业文化紧密相连，高管们也可以发挥能动作用，为员工设立相应的竞赛和奖励制度。

第四，衡量数据科学的价值。

一定要度量数据科学对业务的影响。这个过程中要优先考虑潜力最高的ROI数据科学投资。

第五，实现数据治理框架。

最后要讲到一个优先事件：即数据资产所在的环境必须是私有和安全的。

为了更高效地管理企业和服务顾客，华亚众盟依托大数据管理平台，搭建了自己的数据库，解决了企业那些亟待规范问题的同时，也提升了服务的效率。我们的数据库主要解决了以下问题：

第一，数据库解决了顾客管理问题。

华亚众盟曾经面临严峻的数据不集中问题，在管理中很难利用数据分析准确的顾客行为，管理混乱导致顾客对服务也颇有怨言，顾客渐渐对企业的服务缺乏信心。随着加盟店越来越多，我们也深知大数据对企业发展的驱动作用，紧接着建立了华亚大数据分析决策平台，对客户信息进行统一录入和管理。例如，在客户信息一栏，用户可对信息进行新增、删除、编辑、查询等操作，也可通过平台填写客户信息（包括姓名、性别、生日等）、客户投诉（在页面的投诉中心查看回复，限时回复）、客户关怀（针对客户填写的生日送上祝福，系统自动提醒和发送）等。经过多次实践和升级，终于改变了原来混乱的局面，让管理更有层次、有秩序，客户也更信任公司。

第二，数据库解决了员工规范化管理问题。

华亚众盟的线下门店都是独立经营，如何了解所有门店的员工，知道他们的家庭情况、工作情况，更好地解决员工的困难。大数据分析决策平台会录入所有员工的信息，员工也可以在平台上填写对公司的意见和建议，自己有什么难处，希望得到哪些帮助。直营店的管理者不必亲自到访就可以了解某个门店的员工，让管理更便捷，充满人情味儿。

第三，数据库解决了特殊时期的会议问题。

疫情期间，为响应国家号召，部分地区全民居家隔离。我们通过线上开展视频会议沟通事宜，通过视频会议拉近员工之间的距离，了解老人在家的身心状态，开展线上年会，缓解了大家在疫情氛围下的紧张心理。

通过建立数据库，线下门店可以知晓顾客的联系方式、喜好等数据，店长就可以根据出现的问题对服务做更有针对性的调整。

在大数据的赋能下，华亚众盟立足于大健康领域，为老人提供最优质的“110式服务”。解决了不被顾客信任的问题、员工不被尊重的问题及服务效率的问题等等。最重要的是，企业数据库满足了线下门店的业务需求，成为真正为企业创造价值的数据“宝藏”。

仲妈陪伴心语

以前或许因年少无知而无畏，现在身处大数据时代，每天都会被眼花缭乱的信息、触目惊心的事件刺激。在大健康行业，很多企业家有几十年的行业经验，但也只是留存在一个人的大脑中，建立数字资产更利于企业传承和发展。

目前，很多企业把数据系统和“云”融合，提升系统的兼容性，加速迭代周期。我们通过采集数据—分析数据—放在云平台—长期跟踪—获取反馈—优化决策实现了健康管理的一个闭环。

当然，企业数字化转型是一场长跑，而我们已经在前进的路上了！

第六章

孝爱文化：行孝从来不是一门生意，更不能等

小孝事亲，大孝事国。做人孝为先，行孝不能等。

人生在世，父母健在便是福分，行孝不在大与小，但时间是有限的，在尽孝的路上，我们没有任何借口和理由等待。

作为父母，我常常用同理心去理解老年朋友的真实需求；作为子女，我常常提醒自己和身边的朋友铭记一点：父母需要的并非只是充足的物质条件，而是我们悉心的陪伴。

华亚众盟始终以“孝行天下，爱佑万家”为企业宗旨，关注老年人身心健康，为老年人送去温暖。一直以来，华亚众盟坚持不懈地做公益，每年冬天都会为辖区内困难家庭送去生活必需品，让老年人的生活有人问，有人管，有人助，关注老年人的生活，让更多的老年人享受高品质的晚年生活。

6.1 时代在变，人们对家庭的情感不会变

企业就像小树苗，是一天天长大的。一家企业从初创到成熟不是一蹴而就的，几乎每个企业家都是在边干边学、死扛硬顶中成长起来的，这条成长之路布满荆棘，很艰难、很孤寂，也容易迷路。企业成长有其发展的客观规律，管理是其中的变量，在这个过程中坚守企业的核心文化尤为重要。

在华亚众盟，以“德”为立世之本的理念流动在每一个华亚人的血脉之中的，每个人都以“孝行天下，爱佑万家”的大爱精神来激励自己，立志为中老年人谋幸福，为构建中国中老年服务产业贡献出一份自己的力量，给天下父母最温暖的陪伴，做天下儿女放心托付的家。华亚人通过传承和弘扬华亚“孝爱”文化，将其铭记于心，彰显于行，真正做到“事客户，如家人”，为顾客送去健康与安心。

老祖宗的东西不能丢，华亚众盟要将孝爱文化传播到底！

成立华亚众盟十六年来，我一直在思考，究竟什么是真正的企业文化。许多企业家和经济学家早已为企业文化做了阐述，即以人为本是企业文化的精髓、创新是企业文化的灵魂、诚信是企业文化的奠基

石、企业文化是企业核心竞争力……各种定义层出不穷。但在我看来，现代企业管理需要尊重中国优秀的传统文化，二者有机结合才能促进企业发展。

毋庸置疑，中国传统文化博大精深，无论是在道德传承、文化思想还是精神观念的塑造上，对现代企业管理都有很大的价值。我个人非常尊崇儒家思想，孔子作为儒家学派的创始人，提倡“仁爱”，崇尚“礼仪”，主张以德治国、以民为本，他周游列国传播自己的思想，在后人的补充下，形成了一套完整、系统的儒家思想体系。其精华部分对我经营企业产生了积极影响，我也用各种方式带领员工感受中国传统文化的精髓和魅力。

在华亚众盟成立第十一年时，我开始全力打造企业文化，虽然我最初的文化程度不高，但经过多年的学习、走访、调研，我深刻认识到企业文化对企业发展的重要作用。华亚是以**“孝悌为本，仁爱当先”**为核心文化，并大力传播、践行。无论是哪个地方的线下门店，我们都要求员工要有足够的爱心和耐心去和老年人沟通，给顾客详细地阐述、分享我们的企业文化，在这个沟通的过程中了解老人的心理特点，用真诚和真心赢得老年朋友的尊重与认同。

“孝爱”文化是中华民族传承了上千年的传统美德，作为一名华夏儿女，华亚人时刻秉持“孝悌为本，仁爱当先”的企业文化，有责任和义务将“孝心”传承，将“爱心”发扬光大，让更多的中老年人在华亚收获健康、快乐和幸福。

“孝悌为本，仁爱当先”的企业文化，是华亚众盟一直以来的坚守与传承，深植于每一位华亚人的骨髓，是华亚人遵循的准则之一。一盆盆泡脚水端出的不仅仅是温暖，更是华亚人的“孝”与“爱”。

在践行孝爱文化上，有一个人经历了思想上的转变，从最初的不解到慢慢地相信与坚持，他就是山东聊城华亚众盟工会欢乐家店店长吕燕君。吕店长于2020年7月来到的华亚众盟。初到华亚的吕店长对“孝行天下，爱佑万家”的大爱文化并不理解，面对一盆又一盆沉甸甸的泡脚水，工作结束后身心的疲惫，让吕店长于内心之中充斥着拒绝，辛苦与疲累的日子让吕店长在刚入平台的时候，并不想接受这份工作。时间总会在交往中偷偷显露真心，在和叔叔阿姨们的接触中，吕燕君店长感觉到“不是亲人胜似亲人”的温暖，感受到叔叔阿姨们思念儿女、渴望陪伴的孤独感与寂寞感。吕店长慢慢地改变了自己的想法与观念，逐渐理解了华亚的初心与坚持，明白了华亚人的使命与担当。

深刻理解华亚的愿景之后，吕燕君店长真正认可了这份工作，艰苦奋斗，学习如何将孝爱服务做到极致，如何将孝爱文化落到实处，更好地将孝爱传承出去，让更多的中老年朋友体验到华亚的温暖服务，用自己的力量为华亚众盟的发展添砖加瓦。

情牵华亚，孝爱同行。吕店长一直致力于爱心公益事业，为行动不便的老人们送去生活用品，为困难家庭献上自己的爱心。这些不仅是单纯的爱心公益活动，更是华亚经过多年成长、发展后，以自己的方式回馈社会，积极履行自己的社会责任，践行华亚孝爱文化精神，通过实际行动传播文化的善和仁爱。在工作中，吕燕君店长把每一位进店的顾客都当成自己的父母去对待，凡事尽心尽力、亲力亲为，获得顾客一致的认可和信任，吕店长决心将店面打造为有欢乐、有感动，可以让叔叔阿姨们倾诉衷肠的温馨家园。

我深知管理企业不能墨守成规，要走出去寻找新的灵感，借鉴优秀企业的管理经验。我带着高管一起去新加坡、马来西亚，之后又去了俄罗斯，了解了当地的产品和文化……随着时间的推移，离开我的人越来越少，团队凝聚力越来越强。我们去沙漠穿行，要求任何人不许退缩，两人一顶帐篷，走了三天两夜，汗水浸湿了头发被冷风吹成了冰条，真正地体会到了沙漠地带白天热死，晚上冻死的感觉，虽然累但是很快乐。

除了开展磨炼意志的沙漠之行，在企业顾问刘老师的带领下我们全体成员一起学习《大学》；去孔庙、孔府学习了祭拜之礼；感受中国文化，爬长城，游故宫。2019年我在一次会议上统计员工的旅游史，发现有90%的孩子们竟还没去过北京。随后我组织了一系列活动，让孩子们有机会去北京，了解首都文化，感受首都文化的丰富多彩；去青海，看中国最大的咸水湖，感受大自然的鬼斧神工；去西藏，学习藏族文化，了解布达拉宫的历史文化；去红色圣地西柏坡、遵义、韶山、井冈山等地，一起重走长征路（见图6-1至6-3）。文化需要传承，企业文化需要注入新的思想和血液，我们去乔家大院、曹家大院、王家大院了解晋商文化的发展。

图6-1　2016年华亚人西柏坡训练营

图6-2　2018年华亚人孔庙祭拜祈福之旅

图6-3　2019年华亚人贵州遵义红色之旅

2021年4月，华亚众盟2021年度第二次全体负责人会议于中国江西井冈山隆重召开。2021年是中国共产党建党100周年，为此，公司特意将此次负责人会议选在革命圣地井冈山召开，故而也是一次华亚众盟高管的党性教育，旨在“追寻红色足迹，传承红色基因”。4月29日，在革命圣地井冈山红色思想的洗礼下，华亚人吹起号角坚定信念，发扬红军艰苦奋斗精神，亲做红军餐，发扬红军吃苦耐劳精神！

百年征程波澜壮阔，百年初心历久弥坚。在一百年的非凡奋斗历程中，一代又一代中国共产党人顽强拼搏、不懈奋斗，形成了一系列伟大精神，构筑起了中国共产党人的精神谱系，为我们立党兴党强党提供了丰厚滋养。每一次的党性教育，都让参与者感触良多，心灵接受深度的洗礼。华亚众盟高管团队认真参观了井冈山革命博物馆，领会井冈山精神。此次党性教育，华亚人还进行了大气磅礴的朗诵和宣誓，瞻仰革命先烈的同时，也立下了华亚人的誓言：坚决拥护党的纲

图6-4　2021年井冈山红色教育之行

领，遵守党的引领，严守党的纪律，传承孝爱文化，贴心为民服务，奋发有为，积极工作，排除万难，争做先锋，吃苦在前，享受在后，为共产主义事业而奋斗！

图6-5　2021年井冈山下的宣誓

跨越时空，传承井冈山革命精神，未来，华亚人将继承和发扬红色基因，结合新的时代条件，坚定执着追理想，实事求是闯新路，艰苦奋斗攻难关，依靠群众求胜利，让井冈山精神放射出新的时代光芒，开创更美好的未来！

这么多年下来，我和我的团队似乎一直在“折腾”，华亚在我们的“折腾”中稳步发展，我也在“折腾”中自我激励，在中国传统文化中汲取养分和智慧。

在我经营企业的过程中，也深受儒家文化的影响：

孔子曰：“见利思义，见危授命”；孟子曰：“先义后利”，以义作为衡量价值取向的标准，不取不义之财，反对为富不仁。如今市场经济发展快速，每个企业都在追求利益最大化，进而促进经济，发展内需，产生动能。但在追求利益的过程中不能只讲功利主义，不能过分看重钱，不择手段地谋取利益，这会阻碍企业的可持续发展。为了避免这种情况发生，在企业管理中，我融入了儒家强调的“义”，企业求发展的前提是道义为先，形成积极的动能才能不断推动企业有序前进，不偏离轨道。

再如“父慈子孝，兄良弟悌”，在家庭中形成温馨的亲情关系，有助于社会的进步。儒家强调“仁者，莫大于爱”，由此可见，“爱”是仁的核心。在企业管理过程中，我把儒家的仁爱思想投放到每一次活动中，增进员工与企业、员工与员工、员工与他人之间的感情。俗话说“和气生财，以和为贵”，这是我经营公司的一大准则，对员工多加爱护、尊重与关心，少什么也不能少了人情，将温暖传递给每个人。

此外，儒家认为“诚信者，天下之竭也”。“言必信，行必果”。诚信不仅是中国民族的传统美德，也是历代传承的经商之道。我的企业一定是诚信为上，恪守信用，绝不弄虚作假，欺骗顾客。只有在诚信的制高点，企业才得以长存。

每个国家和民族都有各自的传统文化，这是一个国家在发展中积累的精神财富。我们要做的不是肯定或否定某一文化，而是要站在更高的格局，取其精华，去其糟粕，博采众家之所长，兼收并蓄。

自古以来，中国人十分重视家庭，家文化成为中国文化的一大特色。在中国人心中，家的地位无可取代、无法比拟。都说家国天下，家和国已然融为一体。家早已根植于中国人的心中，沁入骨髓。

践行孝爱，不能忽视老人真实的情感需求

近些年，随着时代的发展，“孝”的规范与标准也在不断变化。我们在发扬祖先留下的孝道时，也要取其精华去其糟粕，留下顺应时代发展的孝爱才是“智孝”，忽略老人真实的情感需求，一味尊崇形式上的孝道，则为“愚孝”。

对老人来说，除了生活上的照料、物质上的满足，从始至终，他们最在意的不是你给了什么，而是精神上的宽慰。所以，尽孝不是你给予什么，而是老人的真正需求是什么。

有一年的重阳佳节，我和公司几位同事去当地一家养老院看望老人，其中一位王奶奶的故事给我留下了深刻的印象。王奶奶91岁高龄，是地地道道的上海人，有三子一女，多年前老伴儿去世了，一直独居，结果不慎摔伤，子女把王奶奶送到医院救治，出院后就被子女送进了养老院。经过几个月的修养，王奶奶恢复了健康想要搬回家住，子女却强烈反对。王奶奶开始闷闷不乐，她认为子女不孝，为了自己的自由剥夺了她的自由。子女却认为，因为不放心王奶奶独居，为了她能拥有更安全、丰富的老年生活才送王奶奶去养老院。

对于王奶奶的遭遇，很多老人感同身受。王奶奶虽然已经91岁了，但是身体硬朗，具有独立生活的能力，所以她想回家居住。但子女和养老院签订了协议，若无子女的允许，养老院是没有权利送王奶奶回去的，所以事情就一直僵持着。其实，子女不让老人回家也不是不孝顺，更谈不上遗弃老人。子女每周都会去养老院看望老人，带上老人喜欢的食物，把脏衣服带回家清洗，知道老人肠胃不好带去药品……如此看来，从通常意义上看子女们做得并不差。

但问题的关键在于，子女这么做是否真的满足了老人的需求呢？

子女们在老人哭诉要回家时，坚守底线绝不妥协，我们也可以理解，子女各自有家庭，忙于工作照顾自己的子女，认为养老院更有利于照顾老人。但从情感上来讲，确实有些简单粗暴，不顾老人自己的意愿。

试回想我们小时候，特别讨厌父母“以爱之名”要求我们做不喜欢的事情，“都是为你好”这句话每天都在高频次出现。长大后，我们做了父母，却以同样的方式对待我们的父母，从本质上来讲，“为你好”都是个人主义的体现，以自我为中心不顾及他人想法。王奶奶在自己家居住了一辈子，那里有已故先生的回忆、自己熟悉的邻居，这些不应被漠视。我们不能否认，养老院会成为未来养老的主流趋势，但我们要具体问题具体分析，对于有些老人确实不适合居住养老院，子女也要给予一定的理解与安抚，并根据老人的真实需求和意愿妥善安排。真正的孝爱包括以下几个方面：

第一，孝敬父母之身。

所谓身，即身体。从字面意思上看就是给父母提供舒适的环境，良好的食物，让其吃饱穿暖，过得舒服。例如，保障父母的衣食住行，定期带父母体检，帮父母剪指甲、洗头等，这就是最基本的孝顺。

第二，孝敬父母之心。

所谓心，有放心、安心、欣慰、欣喜之意。我们做的所有事情都要让父母安心、放心，少为我们担心、操心。我们要努力做到让父母以我们为荣，真正了解他们的内心，让其有踏实、满足感。

第三，孝敬父母之愿。

所谓愿，即夙愿、心愿。我们生活中总会有一些小遗憾和那些当年未完成的小心愿，父母亦是如此。当我们保障父母晚年物质生活的同时，要耐心地陪伴父母追忆过往，努力帮助父母完成那些深埋在心中的愿望。

第四，孝敬父母之慧。

所谓慧，即慧心、智慧，也就是让父母和时代同频进步。如今，我们通过智能产品感受着每天日新月异的变化，通过手机便可知天下事，我们的世界很大，但父母的世界却越来越小，最后只剩下我们。或许他们的手机还只能接打电话，有些偏远地区更难体会科技的强大。此时，我们要耐心地教父母跟上时代的步伐。例如，使用智能手机，学会浏览新闻，使用微信支付等，带父母看3D电影，增加与这个科技时代的接触。

尽孝，无须轰轰烈烈，而是要细水长流，不是广而告之，而是要脚踏实地。一盆洗脚水、亲手做的餐食、修建指甲、揉肩捶背、拖地洗衣等都是尽孝的方式，都是一种无言的爱的体现。也许我们做饭不好吃，但父母会认为那是最美味的食物，或许我们做家务并不是面面俱到，但父母会认为那是最干净的家。每当我看到有越来越多的老年朋友绽放出久违的幸福笑容，享受“家门口的家”带来的健康，我就更加坚定传播孝爱文化的决心，并努力实现“让百岁成为老年人的人生标配”！

孝爱文化是华亚众盟的核心文化，华亚人时刻把“孝爱”铭记于心。我坚信，一个有孝心的企业才会引领更多人弘扬与传承中华传统美德，为中国和谐社会的美好生活添砖添瓦。全华亚人以孝爱为准则，用实实在在的行动，践行孝爱，引领大健康行业这棵生命之树向阳生长。

16年的忠诚坚守，华亚人以“永不放弃，付出到底，直到成功”的精神面貌，一步一步前行，积累经验，拓展市场。以“传播健康文化”为使命，坚定信念，初心不改，为华亚谱写了一首又一首新的赞歌。以忠诚之德，固华亚之基；立服务之本，铸华亚之魂；尽心智之力，绘华亚之梦。

“孝悌为本，仁爱当先”，华亚人用实际行动将孝爱文化落地，每天为进店的叔叔阿姨们端上一盆热腾腾的泡脚水，心怀使命感地为叔叔阿姨们带去欢声笑语，带去爱的陪伴。企业发展从不会一帆风顺，践行孝爱经不起等待。无论是面对年迈的父母，还是素不相识的老人，只要他们有需要，我们都要把践行“孝”放在首位。无论是面对企业员工，还是领导层干部，都要把“爱”传递给大家，这样企业才会良性发展，才能促进社会进步，为构建和谐社会贡献自己的力量。

6.2 我从没把企业当生意去做

很多人把经营企业等同于“做生意”，毕竟企业盈利才是根本。但在现实中，把格局定位在做生意赚钱上的企业或许会盈利一时，却无法可持续发展。

做生意与做企业的本质区别

很多企业在成立之初，凭借人脉关系发展迅速，但后来就原地踏步，甚至开始退步。原因在于这些企业仅仅是在做生意，做生意也就是做单，但做企业不同，企业需要有一定的企业秩序、素质、能力和制度。

据我多年来的经验，做企业与做生意有如下区别：

第一个区别：“一个人赚钱”VS“带领一群人赚钱”。

生意人和个体户通常是一个人赚钱，企业家是带领一群人共赢。对个体户而言，他们做什么、怎么做自己知道就行，无须告知大家。对工商企业而言，必须有一套完整的做什么、干什么的说法。被誉为管理大师的彼得·德鲁克把这套完整的说法称之为“事业理论”（The Theory of the Business）企业家要深谙企业的事业理论，也要向公司的员工详细阐述这套理论，只有如此才会有更强的凝聚力，整体步调一致，避免出现“搬起石头砸自己的脚，左腿绊了右腿”的情况发生。

第二个区别：“一次性地赚钱”VS“连续不断地赚钱”。

做生意的核心是找到赚取价格差的机会，很多商人都擅长揣度他人心理，逆向操作。做企业要创造市场和顾客，这就需要突破市场中的各方障碍，奠定和顾客持续交易的基础，建立竞争壁垒，让竞争对手无从模仿。“前人种树后人乘凉”便是这个道理。由此可见，做生意多是在“一次性地赚钱”，做企业则是“连续地赚钱”。

第三个区别：“什么赚钱干什么”VS“把所有资源和精力投入到无限长期的未来”。

生意人的原则通常是什么赚钱做什么，他们总是长期从事一笔生意，在进行下笔订单前必须把上一笔订单全都清理掉。企业则需要突破、超越发展局限，把资源投入到无限长期的未来，当下企业发展如何是昨日发展的结果，但同时也要承担起为未来发展奠定基石的重任。由此可见，生意人属于机会导向型，如同到处寻找猎物的猎人，看准时机准备出手。而企业家属于战略导向型，好比春播夏耕盼秋收冬藏的农民，为长远的可持续的丰收铺路。

当下健康产业鱼龙混杂。都说大健康产业是朝阳行业，但确实不好干。大浪淘沙，行业内部正经历着新一轮的洗牌，大部分大健康产业企业的发展没有我们想象中的那么顺利。导致这种现象产生的原因有哪些呢?

其一，部分大健康公司在红利政策下，好大喜功又急于求成，只关注眼前能够短暂获利的业务；其二，业务布局不均衡、内容单一，专业的医疗人员少；其三，同行业竞争惨烈，不择手段。

即便大健康行业现状如此，也并不意味着健康产业不可为，如今这样的现状是因为大家在“红利”的驱使下，把一方清水搅成泥潭。

在当前经济环境下，健康行业的企业都要面临一个选择，是继续在泥潭中挣扎，还是另辟蹊径谋求新生?对健康产业而言，无项目便倒闭，而那些创业公司要运用智慧远离泥潭。在这大健康的行业赛道里，Keep就交出了满意的答卷。

疫情唤醒了大家对健康的重视，家庭健身一时间成为热议话题。Keep的热度直线上升，并在2020年完成了109轮融资。2020年12月底完成了F轮3.6亿美元融资，创造出近些年国内运动科技领域最大融资金额，估值约20亿美元。

那么，Keep凭什么值这么多钱，他究竟做对了什么？

第一，精准定位，为“健身小白”提供一站式家庭健身方案。

随着生活节奏的加快，年轻人越来越重视健康，健身、运动成为他们排解压力的途径之一。通常，习惯健身的人会选择健身房，但对于很多年轻的健身小白而言经济压力会较大。Keep精准定位健身小白人群，让他们无论在何时何地都能运动。很多品牌在成立之初都是广告满天飞，效果却差强人意。精准的定位才是品牌发展的关键，让内容传播更具体有效，优势也越来越明显。

第二，多品类布局消费场景，满足用户不同运动诉求。

如今，Keep已然是新一代运动品牌的代言人，用户基数不断扩展，覆盖更多的场景和人群，为Keep成长提供了广阔空间。实现了从移动健身教练到自由运动场的转变，提升了用户体验，也在新的细分市场中不断获取新的用户。同时，Keep打通内容与线下场景优势，从免费提供体验课，扩大到以用户需求为出发点开发家居智能硬件、健康食品、健身器材等，以便满足不同场景下的不同用户需求。这种新型交互方式增加了用户黏度，为家庭线下运动提供更好的体验。

第三，与时俱进，在商业化的路上谋求全方位、多元化发展。

Keep作为一家互联网运动企业，有数以亿计的用户，数亿美元的融资和多维度运动线产品，Keep在成功发展的同时也面临和其他互联网企业同样的问题，就是如何实现商业化，除了广告之外怎样做好电商，例如，线上授课、开健身房等。

回首Keep的发展历程，它能在行业中独树一帜的关键在于践行“高筑墙、广积粮、缓称王”路线，在体育产业链条的大发展趋势下勇于创新尝试，循序渐进地走进用户内心。然而，如何变现成为Keep在发展过程中遇到的最大挑战，盈利问题一直困扰着团队。王宁作为创始人思考良久，最终在专注线上高速增长得以迅速变现和以APP为中心做产业链条、拓展业务的两种深度发展方式中选择了后者，他看似选择了一条更艰难、变现慢的道路，但从长远看更有发展前景。而我从这些优秀的、值钱的好企业身上，也更加明确了自己的定位并坚定了未来的路。很简单，在未来，华亚众盟就是要做居家养老的前行者，为天下父母端好每一盆泡脚水。

做企业要抵御诱惑，传统孝爱文化不能丢

我在经营企业的过程中，时刻提醒自己，我的大本营在山西，我不能把老祖宗的晋商文化丢掉，尤其是老祖宗留下的传统孝爱文化一刻也不能丢。如果丢了，我就失去了中华民族古先圣贤留下的精华思想，失去了建立企业的根基，还何谈企业发展与造福社会呢？

提到山西商道，最著名的莫过于晋商文化。晋商与其他官绅家族不同，晋商是最具有商业烙印的，又具有中国传统文化的家族。晋商精神可总结为三个词语，即进取精神、群体精神、敬业精神，我认为这便是现代企业一直要遵循的“勤奋、诚信、进取、敬业”，以及“用于开拓、擅于管理、勤俭奋战、诚信至上”的精神都与之一脉相承。2016年，李克强总理到山西太原考察时说，晋商精神讲究行大道、重仁义，这样才能有更多朋友、顾客，生意才能越做越大。晋商不只看“钱”，更看重“义”，创造物质财富的同时更注重精神财富

的积累，精神财富会支持物质财富走得更远。

晋商能在金融和贸易方面独领风骚，除了坚守诚信之外，还得益于它那“无中生有”的创新思想发现新商机。企业总是发展与风险并存，要摆脱发展中的困境就要摒除旧思维，开发新动能。

晋商精神已经沁入山西人的骨髓，成为他们世代相传与生俱来的精神财富。如今我们虽从事不同的行业，但我们都应在不同的领域和岗位发扬晋商精神，贯彻“义中取利”“无德不成商”“诚信为本”的思想，让晋商之魂源远流长。

马云曾说过：“做生意与做企业不同，做生意是单独行为，做企业是长期工程，品牌很重要。”陈东升说过：“做企业就是做事业，而不是做生意。”我十分认可这两位企业家的观点，有时赚钱容易，失去就更容易，只有由诚信、经验、团队等构成的财富才可以使人快速脱贫。品牌就是品质，不单指产品品质，还包括人品。财政可以赤字，但诚信不能赤字。

每个企业家都希望自己创办的企业能够成为百年老店，想要实现这一目标并不容易。想要成为百年老店就不能一味地想着用暴利的方式赚钱。有钱不等于事业成功，但有成功的事业，财富注定不会缺席。所以自始至终，我都在坚持对社会做贡献，响应国家号召，做一个有价值的企业、有价值的人。

当然，总会有一些人就是选择要做生意，而不是做企业。这也没错。每个人都有自己的选择，无论何时都应该对自己有清晰的定位，毕竟企业家和商人是两种截然不同的概念。一手交钱一手交货，短期内解决问题这是商人。但企业家不同，要延长交易过程，长时间才能回收利益。

做了多年企业，也见到过很多企业家，我发现他们有一个共同的特质是不会拒绝利益，但凭借极强的约束力，他们会抵御诱惑，追求真正属于自己的价值观，修自己的道场。企业的价值观不同就会成就不同的企业，例如，有的企业就是追求利润，有的是要抓住机会，擅用资源，为自己的员工谋福祉一路向前，还有的人一定要尽全力做成事业，成为行业的佼佼者，为社会做贡献，给子孙后代树立榜样。

和其他创业者一样，我在创业之初也遇到了很多阻力，无论是团队建设，还是客户沟通都存在很多问题，家人因为我每天服务一些中老年人，根本不支持我的工作。当时企业的名字还是华亚仲欣，前三年一直在赔钱中砥砺前行。我始终坚信，人只要够努力就终会成功。终于在近三年的亏本运营后有了转机，企业迎来了第一笔盈利的“高光时刻”，三年的付出终于有所收获。我和团队成员都十分欣喜，我知道这份欣喜的背后，是团队始终坚持的孝爱文化，为企业发展定下了孝悌传承文化，仁爱塑造价值的核心文化在引领着我们走向成功。华亚仲欣四岁那年，对我来讲意义非凡，因为公司开始走向正轨，赢得了利润，获得了客户的认可，我做了个重大的决定，就是倾其所有捐助第一所希望小学，即阳曲县泥屯镇岔上村华亚仲欣岔上希望小学。

我认为有钱了就要为社会做些什么，也是践行公司的孝爱文化。捐助希望小学是因为公公的善行触动了我，公公生前在泥屯儿教书，由于当地贫困，孩子们很是可怜，屋外大雨滂沱，屋内小雨不断，孩子们坐的都是冰凉的青石板凳。公公每个月都会拿出一部分退休工资资助那些孩子，但是杯水车薪。我就想把钱都捐出去，给孩子们送去学习用品和物资，这是爱的传承，也许正因为这种大爱，公司的口碑和业绩越来越好。随着公司的逐步发展，员工也越来越多，在华亚五岁生日之际，我把每位员工的父母都请到了现场，我真诚地感恩父母把孩子送到我的企业，让员工感受父母的爱，同时敢于向父母表达自己的爱，为他们献上鲜花，对他们深情地述说思念与惦念。当员工和他们的父母流下幸福的泪水那一刻，我是最幸福的。

如今中国市场经济激流暗涌，只有踏踏实实按照经营企业的原则和步骤走，摒弃急功近利的想法才能做好企业。很多企业总是把“做强做大”的口号喊得震天响，却忽视了最基本的原则：首先要做正，不欺骗，不作秀；其次要做实，即做内秀，夯实基础；然后再做强，做优势，做能力；最后做大，做规模，做扩张。只有坚持企业经营的原则和基础，树立正确的价值观，注入积极的企业文化，企业才不会是摇摇欲坠的空中楼阁，而是稳如泰山，永续经营。

仲妈陪伴心语

我们企业的前身是华亚仲欣，后来升级为华亚众盟。所谓“众”是指三个群体：第一个群体是以我为代表的高级管理层，处于公司核心位置；第二个群体是我们的员工，和公司有着同样的价值观和理念，是一个大家庭；第三个群体是我们的客户，主要是我们服务的老人，他们能体会到满满的关怀和爱。所谓“盟”取同心同德连心之意，员工的心要紧密相连，领导层与员工紧密相依，给客户最大的温暖。我们始终坚守“孝悌为本，仁爱当先”的核心文化，践行“爱心”“激情”“责任”“付出”“感恩”为核心价值观，以“传播健康文化，创造生命奇迹、实现员工梦想”为使命，科学化宣传加上人性化服务，促使个性化健康理性消费，最终以立足大健康服务产业，成为最受尊敬的企业为发展愿景。

6.3 做有良心和爱心的企业，做有温度的民族品牌

如今，社会上某些企业唯利是图，只顾自己，导致商业环境乌烟瘴气，缺失诚信、以假乱真等事件时有发生。扭转社会风气不是一朝一夕的事儿，但企业要积极参与其中共建诚信的城墙，要坚持执行才有希望。我希望每一位华亚人都能秉承诚信的本心做事。华亚人有一条雷打不动的规定：在源头上把控产品品质，从根本上解决客户问题。我们要用良心坚守住底线，宁愿不赚那一分钱，也不能砸了自己的口碑。因为我们生长在这片热土、这个国家，要心怀感激、满腔自豪，所以我们更用爱心去做事业，做有温度的民族品牌。

用良心做企业，用爱心回馈社会

古语道："达则兼济天下。"我国不乏一些优秀企业，它们的领导者都有十分优秀的企业精神和品性，具有社会责任感，值得所有人学习。

曹德旺先生是我最尊敬的企业家之一，他是福耀玻璃工业集团的创始人兼董事长，有"中国玻璃之王"的美誉。他承包了福清市高山镇异形玻璃厂，彻底摆脱了依靠100%进口产品的中国汽车玻璃市场的枷锁。他在2011年登上了中国慈善榜第一名，累计捐款超10亿元人民币，被誉为"中国第一善"。

优秀的企业家经营企业的态度带给我很大的启发，更让我深刻地

意识到，为老年朋友端泡脚水，看似是简单容易的小事，但难的是我们能坚持多久，难的是我们在收获经济效益的同时能否坚持本心，为社会持续输出正能量。

在公司发展到第十三年时，华亚众盟企业管理咨询有限公司正式成立，预示着公司踏上了新征程，但我们依旧坚守“孝行天下，爱佑万家”的发展基调，不忘初心，坚持做慈善回馈社会。我们和太原市广播电台、太原市民政局携手举办了“冬季送温暖”活动，通过《老年之声》栏目组，走进社区看望空巢老人。随着公司发展壮大，遇到了更多问题，为了保证顾客和公司的合法权益，我们请到了专业的律师团队和会计团队，达成合作保证客户利益。毕竟，客户面前无小事，企业走得再远也要时刻把客户放在首位。

人们常说：“即使再小的善意也能够给他人带来极大的温暖。”2021年1月，全国疫情有复发迹象，以至于冬天里本就出行困难的老年人，出去采购就更加困难了。寒冬凛冽，但我们从未停下“暖冬行”公益慰问活动的脚步。

2021年1月6日，我们和太原市万柏林区兴华街办党工委携手太原广播电台FM97.5《老年之声》栏目组联合举办“遇见97.5，与党温暖行，孝行天下——温暖进社区”公益慰问活动。这是我们参与的第二次暖冬公益活动，在1月6日活动当天，我代表华亚众盟走进永乐苑社区、滨汾苑社区及滨体社区的低保家庭、困难家庭，为他们带去了米、面、油等生活必需品。让困难家庭在感受国家温暖的同时，也感受到社会对他们的关注。如今，华亚众盟在社会各界人士的关爱与支持下，始终坚持本心，以“孝行天下，爱佑万家”为宗旨，关注老年人的身心健康，让爱走进千家万户。我希望有越来越多的老人，通过华亚人共同的努力过上温暖、幸福、有品质的晚年生活。

凡做传世之企业，必先有传世之心。这种内心深处的信念可以是质量至上，可以是技术领先，也可以是公平诚信。社会主义和谐社会需要更多的良心企业怀抱大爱精神，做一家有情、有意、有温度的企业。

在我看来，企业良心和企业形象不是一回事，并不是说你出去做做公益露露脸，在外树立起了看似良好的形象，你就是一家良心企业。至少，这只是表象。良心企业更侧重于企业坚持什么样的价值观。都说企业的根本在于经济利益多少，为了得到利益，有些企业不择手段进行商业竞争。我的信念是绝不会让华亚只有利益的躯壳，如果只局限在利益层面就会偏离社会主流价值观，无法真正为客户考虑，公司谈何发展呢？我一直致力于把华亚打造成一个有温度的企业，把自身发展和社会事业紧密融合。例如，我们在前面章节介绍过的，为老人开展特别的红色延安之旅活动，让老人再次回到自己的青年时期，回味那段青葱岁月，感慨中国的发展和现在生活的美好。看着老人们展开的笑颜，跳着那个年代的舞蹈，用属于他们的回忆唱起动听的革命老歌，我被深深地震撼着，更增强了我做良心企业的信心。

企业良心纯正固然重要，企业情怀也不可缺少，这里的情怀主要是家国情怀，是在面对自身利益和国家利益时油然而生的责任感与使命感，心系天下苍生维护国家利益。“国强则民富，国富则民富”这句话不无道理，只有国家强大、富足，人民才能稳定、富有，企业才有良好的发展环境。华亚众盟积极响应国家号召，遵守法律法规和政策，誓要做有“情怀”的企业。

一个企业成功与否不只是用所获得的利益来衡量，更重要的是它的社会价值。勿以恶小而为之，勿以善小而不为。企业要肩负社会使命，以社会发展为己任才更有价值。华亚众盟从成立之初到现在，始终以一颗敬畏之心和心系父母之情经营产品和服务，华亚人各尽所职，常怀爱国之心，行爱国之事，用爱成就属于我们的事业。

仲妈陪伴心语

人心不正，再好的产品都会被带坏。真正的长久是要互相给予——用爱心铸成产品，用孝心构建服务，处事有良心，真诚对待每一位客户才能让企业走得更远、更久。

我十分欣赏李宗盛《和自己赛跑的人》这首歌：你很少赢过别人，但是这一次，你超越自己。这句话也是对我的写照。

做企业和做人本质是一样的，做人不要因为爱慕虚荣和别人比来比去，最后变得烦躁、抱怨，心生怨念。你只需要和自己比，只要现在的每一天过得比以前精彩，比以前有进步就是值得的。做企业亦是如此，只要我们坚持以爱为本心，愿意付出陪伴，让大家感到温暖，这便足矣。

6.4 企业的家文化，员工的心文化

中国人对“家”有着特殊的情感，“家”对中国人而言意义非凡。中国人以“家”为纽带，把家庭、社会与国家相融合，形成独特的家文化。企业也有家文化，首先要把企业当作一个大家庭，并且这个“家”要有利于企业发展的价值体系和行为准则，也可以说这是企业的一种文化管理方法。我们的“家文化”在有效载体的支撑下，让员工以岗为家，自觉践行**“永不放弃，付出到底，直到成功”**的华亚人精神和**“孝悌为本，仁爱当先”**的华盟核心文化，进而形成共同的华盟价值体系。

负责临沂市场的王志刚一步步从员工到店长，再到经理，再到如今的总经理，并担任华亚众盟品牌推广大使，在这一成长过程中，他一点一滴的坚持，一字一句地铭记，学习知识、积累经验，积少成多，厚积而薄发。在同叔叔阿姨们的朝夕相处中，王志刚发现华亚端起的并不是简简单单一盆泡脚水，而是爱护，是陪伴，王志刚明白了华亚的孝爱服务并不是工作而是一份事业。

在华亚，王志刚感受到华亚大家庭的有情有爱，**“华亚人，如一家，齐努力，共奋发”。华亚人遵从“家文化”理念，打造公平、公正、公开、透明的工作环境，将企业打造为华亚人第二个安心、温暖的家。**

创业路途必然不会一帆风顺，在最为困难的时期，王志刚面对各种各样的压力，没有放弃心中梦想，依然坚守初心，一个人讲课，一个人端水，一个人宣传，以赤诚之心，脚踏实地为每一位到店的中老

年朋友提供最为贴心的服务，并定期去客户家中回访，关怀店内每一位叔叔阿姨的身心健康。王志刚说：“每天在店里同叔叔阿姨们聊天、唱歌、跳舞、玩游戏，逗他们开心，看到他们脸上洋溢着幸福的笑容，再苦再累也值得。”2021年是王志刚快速发展的第一年，顾客的认可和支持为王志刚的创业梦插上了一双翅膀，使他飞得更高、更远。随着眼界的不断扩大、思想的不断提升，王志刚在学习的道路上收获颇多，店面从最初的两个人成长为如今十家店面、25人的团队，铸就出属于自己的辉煌，临沂市场最终渡过难关，步入发展的道路。

当企业的“家文化”遇见员工的“家文化”

企业构建“家文化”的本意是塑造一个温馨和谐的工作氛围，让雇佣双方增进了解、付出更多和关爱彼此，如润滑剂般调节领导与员工的矛盾。如今有很多企业已经明确提出并践行家文化理念。

幸福的家会给人满满的安全感和凝聚力，所谓“家文化”不是倡导“舍小家，顾大家”，而是要“小家幸福，大家美满”。

为了让每个员工都拥有幸福美满的小家，华亚众盟内部会定期组织各种关爱员工及家属的活动。例如，单身青年联谊会、为员工举办婚礼、对困难员工伸出援助之手……我深刻地记得在为员工举办集体婚礼过后，其中一对员工特意跑来和我说了自己心底的感慨，他说总听到那句“择一城终老，遇一人白首”，毕业到现在他一直在华亚这个充满爱的家庭里，在这里找到了爱情与事业，感觉非常幸福也极其幸运，今天能得到所有人的祝福更是感慨万千。从他闪烁的泪光中我看到他满心的爱，感受到决心把爱传递下去强烈愿望。

当然，类似举办集体婚礼这些活动只是家文化的形式之一，举办过集体婚礼的企业也不少。我记得阿里巴巴在美国申请上市之前，也为员工举办了一场集体婚礼，102对新人与阿里巴巴发展102年的目标遥相呼应，马云身着红衣，休闲装扮，牵着童男童女迈上红毯，向新人敬酒祝贺："我们的婚约有效期是102年，还剩下87年。87年以后你们可以改嫁，可以再娶。87年以内，你们不能改变心意。"我相信，这种活动只是阿里巴巴企业文化的一个小缩影，他们更重视这种文化的传播，践行大爱精神。而我更希望通过传递家文化，让每个员工有被重视、被尊重的感觉，让每个员工的心声都能被倾听，从而进一步挖掘他们身上的闪光点。唯有一家人齐心协力，才能把华亚众盟这个大家庭经营好，让更多的阳光照亮华亚人前行的路，让更多雨露滋养华亚人无惧风雨的心！

仲妈陪伴心语

孟子曰："天下之本在国，国之本在家，家之本在身。"从古至今，中华民族就以家庭、亲情为重，都说"家国天下"，没有家何来天下。

企业也是家，是员工解决基本生活保障的依托。对员工来说，这个家是疲倦时可以栖息的港湾，是雪天里一盆温暖的炭火，是可以放松身心的乐园。

2021年是华亚发展的新起点，华亚人团结一心，在党和国家的引领下，我们将继续践行以"孝悌为本，仁爱当先"的文化为企业之根，以只争朝夕、奋发有为的精神状态，同心同德、奋力拼搏，为全国乃至全世界的健康事业发展而不懈奋斗。

第七章

商道至简：把平凡的事做到极致就是不凡

服务不是越多越好，有时减少服务反而更受欢迎。在商业中，“简化”是一种很容易被低估的特质，“顾客需要这种服务”这类基本问题往往容易被忽略。无论我们的服务有多复杂，简单的商业模式往往更容易被接受、影响也最大。

“商道至简”意味着“少而精”，简单来说就是要集众家所长，整合创新，去粗取精，抓住事情的根本，最后剔除那些可有可无的、非本质的东西，和“为学日增，为道日减”是一个道理。

把简单的事做到极致就是出彩；把平凡的事做到极致就是不凡。创业路上遍布荆棘与诱惑，专注的做事态度才会让目标更加清晰明确，把事情做到极致，你的回报才会如期而至。

7.1 从极简到极致：好的模式一定是简单的

经营企业这些年，我最深的体会就是，要想把企业做好就一定要让学习与实践充分结合，二者并驾齐驱，相互促进，只谈学习或只谈经验都做不好企业。把企业做到极致并不容易，这是一个长期坚守与迭代的过程，并且这个过程不会过于复杂化，无论是好的商业模式还是盈利模式一定是简单的。如果我们在服务的过程中能把最简单的小事做好，在经历一个从量变到质变的累积后，服务就会无限接近极致。

先谈谈商业模式，它的基本定义是为实现各方价值最大化，整合企业内外运行的各个要素，形成一个高效、完整且具有超强竞争力的运行系统，满足客户需求，实现包括合伙人、员工、股东、客户等利益关联者的价值，使系统能够可持续盈利的整体方案。

在同一行业中，我们与竞争者提供的客户价值几乎相差无几，但企业发展结果却截然不同。究其根本，虽然商品满足客户的价值是一样的，但企业发展路径和发展方式不同，商业模式就不同，所显现的企业价值也不同。通俗地说，商业模式就是个人或企业通过某些方法运用某些手段赚钱，从而产生利润的模式，而盈利模式就是赚钱的方式。

商业模式强调如何切入市场，相比之下，盈利模式更强调如何获取利润。今天我们不讨论具体的商业模式问题，我更关心的是，在确定企业的盈利模式与商业模式后，我们能否始终如一地坚持下去。

砍掉多余的野心，掘井及泉，精益求精

法布尔是世界著名的昆虫学家，他一生只做研究昆虫这一件事。有一次，一位青年向他诉苦说："我每天把精力花在我喜欢的事业上，但收获甚微。"法布尔称赞这位青年有献身精神。听了法布尔的赞许，这位青年兴奋地说："我喜欢科学也爱文学，对美术音乐同样感兴趣。"听到这法布尔明白了问题所在，他拿出一块放大镜，把阳光聚焦在一处，然后对青年说："你要试图像这块放大镜一样，把精力集中到一个点上。"法布尔之所以成绩斐然，得益于把所有的精力和时间都聚焦在研究昆虫上。

无独有偶，法国大画家雷杜德只画玫瑰，无论身处何地都不能改变他的坚持。他一生记录了170多种玫瑰的姿态，组成《玫瑰图谱》。杜雷德把画玫瑰做到了极致，他画的玫瑰至今无人能够超越。

我相信，这些书中的道理很多人不是不懂，只是坚持的人总是极少数。但我认为作为企业家，就算是再有管理的天分和对市场的感知，也同样应该是一个懂得坚持的人。曾有同行的朋友问我创业的艰辛并感同身受地说我多么苦，我通常只是开玩笑似的笑着说："那可不叫苦啊！那叫'活该'！你自个愿意做的事，想做的事，就别嫌苦，更别老叫苦。"难道不是吗？但凡想要做点事的人，势必要有坚持的态度！

这些年在坚持的过程中，我学会了做减法，这里的减法不是指裁员，而是**企业发展的进退之道，是从简单通往极致的一条路**。

创业之初，我作为企业的掌舵者，总感觉每天像陀螺一样旋转，没时间陪家人。感觉每天都有无数的投资机会，很多项目都想做，结

果到最后完成的项目却不多或收效甚微。每天感觉有很多人对企业有帮助，需要结识交往，进而提升业绩，但结果却是毫无帮助还耽误了不少时间。

我们身边总是围绕着各种事情，以为自己做的每件事都会促进企业发展，结果到头来依旧在原地踏步甚至是退步。出去游学这几年，我也目睹了很多企业现状，它们在过去某一时期发展态势很好，盈利水平很高，但近些年却止步不前，老板却更忙了。

我开始反思，究竟是什么原因导致现在这种局面呢？

首先，我们总是沉浸在过去的经验中，盲目地认为过去能成功的事当下也能成功。其实不然，在移动互联网时代，每天都瞬息万变，营销思路和管理方法都在改变，我们的员工结构也在改变，“90后”员工和“80后”“70后”员工心态截然不同。如果企业家总是抱着过去的成功经验衡量现在的发展，大包大揽所有事情，导致员工无事可做，员工没有成就感，团队也会很松散。当我认识到这些后，开始给自己做减法，首先要清楚自己的优势在哪，然后做自己擅长并对企业发展有意义的事情。

其次，企业家在面对诱惑时要有强大的自控力。当企业做到一定高度，团队趋于成熟，有不错的业绩和现金流，很多所谓的商机便蜂拥而至。此时，我们要保持清醒的头脑，擦亮眼睛学会拒绝。面对商业诱惑，我有三个原则：

第一，如果对方信誉差，不靠谱，哪怕他的项目再好再赚钱都绝不参与。

第二，不参与无法驾驭的项目，不接受不熟悉领域的橄榄枝。

第三，不考虑与自己企业主业无关的项目。

华亚众盟的每个投资项目都是以关爱老年人的服务主业展开的，主业与投资项目相辅相成，相互促进发展。

后来我发现，企业家在面对企业管理时同样要做减法，企业家也是生活中的普通人，除了工作之外还有其他角色，例如，父母、子女等。摆正每个角色的位置很重要，分清楚哪些事情必须亲自做，哪些事情可以授权他人去做。大多数企业家承担着家庭收入与企业开支的压力，身心健康就更重要，爱自己的身体也是爱家人的表现。总之，无论是对企业还是对生活中的自己，都要做有意义并且擅长的事情，实现价值才是王道，其他都可以不断做减法。

需要明确一点，上文中所说的减法不是限制企业发展，而是让我们有更清晰的思路促进企业良性运营。我对大健康产业、养老服务行业的商业模式和盈利模式，有更清晰的思路和认知。如开篇所言，我国养老服务行业目前处于起步阶段，入局企业不少，多呈现分散、不具规模等特点，还未出现头部企业能够引领、推动行业发展，商业模式也有待摸索。做养老服务行业如何盈利也困扰着入局企业，但现在我十分明确的是，养老服务行业的模式同样需要化繁为简。

美国Mercer咨询公司的咨询专家在《发现利润区》一书中，把企业盈利模式划分为22种。养老服务行业利润形成因素复杂，上游由金融、投资保险拉动，中游包括医疗、服务地产等实体建设，下游是旅游、教育、老年用品等支撑性产业，这个链条中的任何一个环节出现问题，盈利都会化成泡影。如今，大健康产业在国家政策的支持与鼓励下，正在高速发展，但目前社会养老模式以居家养老为主，市场缺口很大，很多盈利问题没有得到解决。因此，未来我国养老产业面临的重要课题就是如何构建差异化的盈利模式，持续获取利润。

尽管养老的盈利模式看似纷繁复杂，但我们可以简化理解。其实，我们这一行无论盈利方式是什么，最终的落脚点都在于“以情动人，用心服务”。哪怕我们只是做一件平凡的小事，也要让越来越多中国的老人都能生活得安心、静心、舒心，安享幸福晚年。华亚众盟坚持用真心和真情做好养老服务，帮助老人解决实际问题，最大限度地满足老人日益增长的物质、精神需求。

经过十六年风霜的洗礼，华亚众盟已经做好充足的准备，蓄势待发。在未来，公司将全面推动居家养老服务，以打造中国最大的一站式社区养老机构为目标，积极对接国内外市场，鼓励优秀员工追求事业与梦想，让更多老人过上高品质生活，让更多老人在华亚众盟真正地感受到“老有所依，老有所为，老有所乐”！

仲妈陪伴心语

做事情就要尽最大的努力做到极致，比如想笑就开怀大笑，吃东西就要尽情享受，工作就要做到极致。这个世界不乏才华横溢、特立独行的人，但只有少数人会坚守自己的风格，最终做到专业与极致。

生活也好，创业也罢，人生总是在无数的诱惑和选择中前行，如果在不断地徘徊、选择中浪费人生，不如定好目标不动摇，用一辈子去做好一件事情，即使这件事情再普通也变得不再平凡。只要行动就有收获，只有坚持才会创造奇迹。

人生最酷的事情不是放纵自己，而是能约束自己的行为。我这一生只想坚守在大健康行业，把服务老人这件事做到极致，不辜负岁月，不蹉跎人生。

7.2 合法合规：规范化经营六部曲

据美国《财富》杂志报道，美国大企业平均寿命是40年，中小企业平均寿命是7年，而中国大企业的平均寿命是8年，中小企业的平均寿命仅是2.5年。导致这种现象的原因是很多中国企业的治理规则模糊，不成体系。一颗种子长成一棵参天大树，开花结果的前提条件是合理的施肥、除草、灌溉、杀虫，然后根据果树内部机制生产、结果。这和企业管理一样，企业成败的第一要素就是要有规范化的治理，合法合规经营。

简简单单做人，规规矩矩做事

企业家就是做事情的人，经营得再成功的企业也都要从做事开始，不做一切都是零。但做了事，结果却不同，差别就在于每个人做事的方式方法都不尽相同。因此，我经常用父亲曾经对我的教导提醒自己“做事一定要认认真真，做人一定要规规矩矩！”我们经营企业唯有坚守初心、踏实做事，才能真正把健康带到消费者家里。

当然，我总能听到一些老板的抱怨声，在企业“走出去”的时候，总会被要求用所谓的“国际标准”来衡量，他们认为这不公平。但我也欣喜地看到，有更多的中国企业走在了规范化治理的前列，例如中海油，他们在每次会议开始前都会由独立监事全面检查会议的合规性，在中海油有句话叫“制度大于老总”。这说明，合规已经成了中海油的一种文化。这也带给我很大的启示，中国人一向讲求灵活变通，很多时候这是优点，但如果把控不好尺度就成了问题的源头。尤其是大健康行业的企业，我们不能总是绕着规矩前进，最终绕来绕去这个行业就在无形中产生了“潜规则”，这是合法合规的天敌。

韩非子曰：“欲成方圆而随其规矩，则万物之功形矣，而万物莫不有规矩，议言之士，计会规矩也。”这句话的意思是，想要画圆就得遵循它的径长，万事万物有夯实的基础才有成功的可能，所有事物都有其遵循的规矩和道理，提倡言论的人都会遵守事物的发展规律。经营企业的道理也是如此，列车前进速度再快也离不开轨道，企业再高速发展也得有规则的把持。无论规则如何随企业目标调整而改变，企业想要更好地发展就一定要做到规范经营。

有人把企业与员工之间的关系总结为短期的代理关系。而在这短暂的代理关系存续期间，二者利益其实有很大冲突。即使企业出现现金流短缺问题，员工照样要拿工资和奖金；企业建立新的产品线、培育市场需要度过困难时期，员工依然专注于卖产品、分提成。可以说，员工的收入和付出成正比且基本上是固定的，只是一旦没有工作能力也就没有了收入。但企业股东的收益和前期投入相关，哪怕中途离开岗位也一样有收益。有人说员工和老板是永恒的对立关系，当然，如果没有建立好的规则制度，这句话也不无道理。

所以，每个企业都应考虑如何化解企业与员工之间的矛盾，如何把企业提升到规范化经营的高度，而不是停留在表面化的管理。

华亚众盟发展到十周年时，我开始转变思维，意识到要想把企业做大做强，首先要做好组织框架，进一步实现规范化管理。

第一，立规——建立了党支部，推动企业全面合理化运作。

中国共产党是中国企业发展的领导力量，企业建立党支部与国家紧密相连，每个企业都有义务承担社会责任，发挥党员的能动作用。

团队向心力强，队伍凝聚力强，企业才有动力谋求更好的发展。2020年初新冠肺炎疫情暴发，在这场突如其来的危机中，我深刻体会到了党员的带头作用。在公司里主动承担责任的都是老党员，关键时刻比普通人更有号召力和团结意识，他们更加自律有担当，讲原则，是企业需要的人才。华亚众盟成立了党支部，带领全体员工积极响应国家号召，学习发扬党的精神，使企业文化与党建文化协同发展。

第二，知规——成立法务部门，保障员工、客户和公司的权益。

法务部是指为企业处理法律事务，提供律法帮助的职能部门。企业一般会聘请专业的法律顾问或律师，处理企业在发展中遇到的各种法律问题，为企业发展保驾护航。

随着华亚众盟规模扩大，公司的法务部也愈加成熟完善。其实公司不论大小，都应该懂法律或者聘请专业的法律专员负责相关事务，例如，起草合同、印章管理、劳动关系处理、合同审批等。有了专业的法务部门，我们就知道有哪些规章制度、道德规范、职业操守、行业规定和我们休戚相关，梳理符合自身企业发展的合规义务清单，并且严格遵守执行，做最守规矩的大健康企业。

第三，守规——让最专业的CFO守护好企业的财务。

随着企业发展壮大，我发现员工已经多到我有很多都不认识了，账目也杂乱无章。加上目前国际经济前景不明朗，市场发展速度放缓，数字化浪潮席卷而来，行业生态系统不断变化，企业需要的不再是传统的“账房先生”，而是要融合业务工作的财务部门。我意识到如果继续这样下去，企业迟早出问题。因此，我立刻成立财务部门，聘请专业的首席财务官（CFO）管理账目，并对员工进行会计培训。在专业的财务管理团队的帮助下，华亚众盟现金净流量逐渐扩大，实现了长期稳定盈利。

第四，用规——依托互联网技术建立大数据库。

据麦肯锡全球研究院调查指出，如果医疗保健行业能够有效使用大数据，那么该行业会产生超3000亿美元的价值。由此可见，大数据对商业的影响不容小觑。

大数据时代的到来正潜移默化地改变着人们的思维和生活方式。在过去，我们通常习惯用财力和技术水平衡量一家企业是否有竞争力，如今“大数据应用程度”已经成为提升企业竞争力的重要手段。

华亚众盟搭乘大数据的东风，把精细化管理运用到企业的实际应用中。每天企业大小事情层出不穷，都依靠人力监管难免出错。因此，用数据管理人，建立完善的员工与客户数据系统，企业才会真正地实现提质增效。

第五，合规——成立数字化运管中心。

俗话说：工欲善其事，必先利其器。对企业而言，没有好的工具就没有好的方向。华亚众盟成立了数字化运管中心，这标志着我们的客服体系进入了更智能的时代。只有这样我们才能在不断提升中实现自我价值。数字化运管中心的运行，对客服人员来说，工作变得更加简单高效，节约了时间成本，录音功能让一线客服可以监听服务的整个过程，便于及时发现问题，提升业务水平，从而提高顾客满意度。

我相信，在数字化客户运管中心的赋能下，华亚众盟的业绩会节节攀升，用成绩继续回馈员工与顾客的支持，才能不辜负自己的付出。

第六，成规——成立教育学院，借助外脑壮大企业。

企业发展总会遇到瓶颈期，首先显现的问题是学习力不足，华亚众盟为了提高企业培训效率，创办了自己的教育学院。无论是什么企业，都是在竞争中发展起来的，都应该打造学习型组织。华亚众盟通过建立教育学院提升了企业学习氛围，每个月都会开展与各部门工作相关的培训，由清华北大党校名师授课，帮助员工突破思维枷锁，提高工作效率。

企业想要长久发展，就要不断完善规范化经营的规则，让企业合法合规有序运作。未来，华亚众盟会不断更新和深化这六部曲，让合法合规逐渐成为一种文化传承下去，让企业迈着稳健的步伐走在光明、宽阔，不会绊脚亦不会走弯路的大道上。

仲妈陪伴心语

敬畏法律法规，严格执行，企业才能够在经营中趋利避害，守住发展的底线。规规矩矩做事，本来就是我们这些做实业的企业家的本分所在。只是很多人在利益面前会被诱导，言行不正，心术不正。

企业经营本非易事，我们在努力向前奔跑的同时也要偶尔回头看看过往，是否做到了不忘初心。努力从来都不会白费，你今天播下的种子，正在你看不见的地方，悄悄落地、生根发芽。

生活的美好缘于我们的平常心，生命的丰盈源于我们内心的慈悲。人生的路无须刻意雕琢，只要踏踏实实做事，简简单单做人。

7.3 品牌升级：陪伴式健康“心”服务模式

无论是传统行业颠覆式创新，还是新崛起的产业从0到1的快速迭代，当下中国企业都在为打造具有强大影响力的品牌积蓄力量。更高、更快、更强不仅是奥林匹克精神，更是中国众多企业追求的目标。在风起云涌的市场浪潮中，“品牌升级”这个词正高频率穿梭在各个企业。

除去那些博人眼球的花式推广和宣传，真正的品牌升级不是简单的换包装、换LOGO，搞媒体公关、满大街贴广告那么简单。促成品牌实现形象升级的因素有很多，例如，企业升级、战略转型、差异化竞争策略、技术迭代需求、产品升级等诸多因素都可以直接驱动品牌形象升级。

对市场来说，形象只是用户了解品牌的入口，如果说形象升级是品牌升级的必然条件，那么产品价值升级激发品牌升级，则是更高的品牌升级思维。

例如，呷哺呷哺作为知名的连锁快餐式火锅品牌，快速的小火锅模式与其他品牌形成了明显的差异化体验，这种便捷、又快又小的火锅体验深受大众青睐，甚至有人说“有商圈的地方就有呷哺呷哺，有呷哺呷哺的地方就一定人声鼎沸。”

但随着市场竞争加剧，呷哺呷哺惯用的经营策略固化了消费者对它的品牌认知，在面临市场中的层层考验时，寻求升级变得步履维艰。呷哺呷哺在2018年开始发力于产品升级，无论是用餐感受还是餐厅环境，都将客户体验放在首位，通过打造中高端产品、制造热点话题全面实现品牌价值升级。

无论是哪种产品升级，除了基于品牌层面的形象调整，升级更重要的是：一方面要考虑品牌升级后面对的品牌用户扩增，组织新的宣传内容；另一方面，多维度分析已拥有的品牌客户和未来市场中潜在的客户，准确洞察客户心智和品牌流行趋势，针对不同需求对症下药，在产品体验和推广上创造更多的条件。

找到品牌核心价值，做到与众不同

科技领域咨询师丹尼尔·伯勒斯在其畅销书《理解未来的7个原则》中剖析了IBM、通用汽车、星巴克、谷歌这些企业，无一不是拥有远见力，大步向前地实现品牌升级的成功典范。远见会让企业比别人先一步"看到不可见，做到不可能"。因为看得见未来，所以知道现在该如何去做。华亚众盟的"远见力"使其在暴雨来临前就做好了防御准备。

对华亚众盟来说，品牌的升级意味着更高价值的实现。2020年初开始，全国暴发新冠肺炎疫情，各行各业深受影响。当大多数人还沉浸在实体经济的悲观情绪中，华亚众盟先人一步看见未来，开始进行品牌升级。

第一，打造数据系统和网络媒体平台。

首先，建立并完善员工和客户数据档案库，在第一时间开通华亚众盟晚间线上直播间，通过网络媒体与全国华盟家人视频连线，亲切地问候大家，互相鼓励共渡难关（如图7-1所示）。截至2021年6月初，累计已有291.27万人观看华亚众盟晚间直播。

图7-1　华亚众盟晚间直播频道

第二，成立品牌战略信息中心。

随着疫情好转，各地逐渐复产复工，华亚众盟成立了品牌战略信息中心，全力维护品牌形象，与抖音等自媒体平台携手打造了“仲妈”的个人IP并取得了一定成效（如图7-3和图7-4所示）。“仲妈说家事”抖音号上线短短几个月，已经拥有375.3万获赞，收获了40万的粉丝，抖音直播也取得了一定效果。华亚众盟晚间直播间也顺势而生，通过直播向各地域实时传递信息。

图7-2　仲妈说家事 个人品牌IP形象

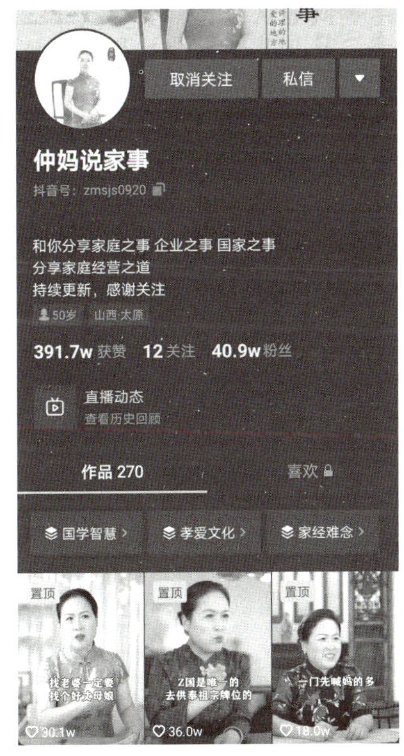

图7-3　仲妈说家事抖音号主页形象

图7-4　仲妈说家事抖音直播间

第三，“四五”规划助力品牌再上新高度。

其实华亚众盟的每一次品牌升级都和健康有着密切的关系。创业之初，华亚众盟的前身华亚仲欣，本着“健康仲欣，家家欢欣”的服务理念，进行独立自主，自负盈亏的独立经营。**随着一次次的品牌升级，公司从无到有、从小到大地飞跃，华亚仲欣到华亚国际的发展阶段，逐步实现了全国性的健康“心”服务。通过“心”级服务让老年人感受到家的温暖。**“孝行天下，爱佑万家”“小爱爱己，大爱爱天下”，为更好地弘扬并践行孝爱文化，为了更好地发扬并践行孝爱文化，本着对“孝行天下，爱佑万家”“小爱爱己，大爱爱天下”理念的坚持，华亚众盟最终以完善的业务能力，成熟的管理模式，实现了从华亚国际到华亚众盟的历史性飞跃。

2018年3月，华亚众盟企业管理咨询有限公司正式成立，一家专业从事大健康服务产业的综合性投资及管理的有限公司就此诞生。历经几年风雨磨炼，旗下各分公司已实行独立运营，独立核算的机制运作，并随着规模的不断扩大，产业链的延伸，逐步完善和提升各项业务能力，以便成熟有效地管理，最终使所有旗下公司实现携手共进，互利共赢的合作平台。

此外，从华亚众盟创立之日起，每五年都会有一个规划。例如，“一五”规划：立足于健康产业，重传承，立志打造百年企业；“二五”规划：在行业中崭露头角，实现多元化发展；“三五”规划：完善自身的组织结构、框架，为居家养老做铺垫，打基础；“四五”规划于2020年8月28日正式起航，简而言之就是致力于成为行业的标榜品牌。新的规划落地后，华亚众盟立即展开行动，2020年9月2日，华亚全国负责人和总部后勤人员前往五台山祈福，愿山河锦绣、国泰民安；2020年10月29日，华亚众盟和战略伙伴携手举办中国首届虫草论坛；2020年11月26日，华亚众盟第六届诺丽文化节圆满召开。上述活动的成功举办为华亚众盟2021年再上新高度增添了新动力。

对企业来说，品牌升级就像是一次健康体检，企业想要发展得好，就要不断强化“体质”。想要实现打造百年企业的目标，不仅要有获得市场认可的产品和服务，企业本身更要有“健康的体魄”，才能奋勇向前。

仲妈陪伴心语

“没有健康，何谈小康？”身体健康是响应“建设全面小康社会”号召的重要内涵。从个人健康到国家健康发展，都是人民实现幸福生活的基础。近年来，在“人类不断追求和探索健康”奥秘的过程中得出了“预防为主，防治结合”的健康观。华亚人在历史发展的长河中以此为目标，不畏艰难，坚持“孝悌为本，仁爱当先”的文化理念，坚定不移地给天下父母提供最温暖的陪伴，最贴心的服务。我们希望和全国各地的顾客携手共创，建设华盟十四五蓝图，推动构建中国梦和健康梦，为创造美好生活努力奋斗。

7.4 “五定”“五超”打造他人难以复制的竞争力

那么，企业的核心竞争力是什么？

1990年，美国经济学家普拉哈拉德和哈默（Prahalad & Hamel）在《哈佛商业评论》上首次提出了核心竞争力的概念。他们认为，在不断变化发展的世界中，竞争愈演愈烈，企业的成功不应再归功于某一特定产品或者是随机应变的市场战略。随着经济全球化加强和产品生命周期缩短，企业的成功是企业核心竞争力的外在表现。两位经济学家给出的定义是：核心竞争力是能使公司为客户带来特殊利益的一种独有的技术或技能。

从字面来看，“核心”旨在中心、主要部分；“竞争”是指为自己利益与人相争；“力”指的是能力。我们把它们串联在一起就构成了核心竞争力的字面意思，即为企业利益和竞争者相争并获取最终胜利的主要能力。

由此延伸开来，很多人认为核心竞争力通常是“不可复制”的能力！

我非常喜欢《三国演义》中的一个经典桥段“温酒斩华雄”。

曹操、袁绍等关东十八路诸侯共讨董卓，董卓有一大将名为华雄，不可一世，接连斩杀孙坚、俞涉、潘凤等大将，此时关羽主动请缨大战华雄，温酒未冷便把他斩于马下，从此关羽名声大振。简单来说就是，当所有人都不能解决这个问题时，只有你能够做到完美解决，那么你就拥有了核心竞争力，并且这种能力在某种程度上或某一阶段难以复制、不可取代。别人懂的你也懂，这很正常，别人不懂的你还懂，这才是本事。企业也是如此，我们就是要找到那个最能创造价值的事情然后持续做下去。

打造竞争力的过程本身就是一种核心竞争力

根据上文的阐述，在企业经营管理中，我理解的核心竞争力，是信息与技能的不对等，我会你不会的技能，我知道你不知道的消息，我有你无法掌握的资源，具有不可替代的特点。但实际上，与其说是不可复制、不可替代，不如说是难以复制、难以替代。因为核心竞争力不会无限延续，它具有时效性。例如，中国的丝绸、茶叶、瓷器曾保密了千年，以前钢笔换尖是能养家糊口的职业，如今看来都销声匿迹了。靠保密维持竞争力是不可行的，凭借某一技术吃长期红利也是不现实的。

以前，获取信息难度大，信息传播速度慢，传播技能多为师徒带教或口口相传的形式。在资源有限的条件下，人为设置某些障碍也符合经济学原理。但有一条非常隐性的关键信息是：打造核心竞争力的过程本就是一项核心竞争力。

现在互联网上的信息多如牛毛，互联网为每个人提供了平等获取信息的机会，但却没有打造核心竞争力的难度。这就像即便你熟读兵法也难以成为将军，看再多的IT培训视频也难以成为技术总监。信息只是展示了行业最基本的概念，真正核心的东西是很难用文字或语言表达出来的。因此，我总是很乐意大方地与人分享我的经营理念甚至方法论，因为我相信一个人深入骨髓的东西别人是拿不走的。

打造核心竞争力除了必要的信息之外，还需要大量的实践机会和时间成本，对任何组织和人来说，时间都是稀缺资源。除此之外，还要清楚自己有没有能力看准自己选择的方向是否是大势所趋，避免错失发展良机。

任谁都不能心存侥幸，盲目地认为自己的核心竞争力可以永久保存实力、占据优势，想想如何与时俱进，打造一种别人难以复制并在短时间内难以超越的核心竞争力，才是“基业长青”的关键所在。而华亚众盟的核心竞争力源于我们在发展过程中制定的“五定”和“五超”战略，如图7-5所示。

华 盟 人 五 定

1. 人 定 事 业

2. 心 定 企 业

3. 信 定 领 导

4. 塑 定 团 队

5. 渲 定 业 绩

图7-5 华盟人“五定”

精神分析学家弗洛伊德提出了心理动力论，该理论认为每个人的精神由三个部分构成，即本我、自我与超我，代表了意识和潜意识的三个层次。“本我”代表一个人内心最原本的欲望，属于完全潜意识，受意识的遏抑；“自我”代表着面对现实世界时，大部分是有主观意识的；而“超我”则源于一个人最内在、本质的良知与道德判断，一少部分是有意识的。可以说，这三个层次也是我们一生追求的境界。华亚人“五定”便是沿着这个思路，从人定开始，让每个人在华亚众盟的职业生涯中找到本我，超越自我。

1. 人定事业

人定事业，即我们要有放手为选择的事业拼搏的决心。选择存在于人生的每个阶段，它不因身份、地位不同就特殊偏爱谁，每个人都有平等且公平的选择权。初入社会直面择业问题，从本质上说，选择行业的过程是在剖析本我，在选择中了解自己、发现自己的兴趣点的过程。

电影《攀登者》里，由胡歌饰演的挑战登顶世界之巅的杨光，其原型是一位名叫夏伯渝的70岁老人。夏伯渝在他26岁时随着国家队一起攀登珠穆朗玛峰，不幸的是他因意外在最好的年华失去了两条小腿。接下来的40多年始终靠假肢生活。但夏伯渝并没有就此放弃梦想。在接下来的时光里，他多次尝试登峰，数次以失败告终。夏伯渝却说："只要我还活着，我还要再来！"

2018年5月14日时，夏伯渝终于成功登顶。

他用半生的付出终于迎来梦想成真的一刻。这期间他经历了普通人无法想象的煎熬，很多人问是什么支撑他一直走下去，无数次挑战自己。夏伯渝说，就是这么多年一定要成功登顶的决心。

俗话说干一行爱一行，我们在一个行业做五年，有可能成为行家，做十年，才可能成为专家，既然选择了就不要轻言放弃。

2. 心定企业

定好了事业，就要选择一个企业。企业是什么，是我们选择的家，也是始终给我们依靠和温暖的地方。身处企业的大家庭和经营自己的小家有共通之处，家是否有温暖，是否能成为我们终生的依靠，靠的是双方共同的努力而不是单方面的付出。所以我们要做好人生的第二个抉择，心定企业。物以类聚，人以群分，找适合自己的企业，并与之共同成长、共同发展。当无数个个体凝聚在一起时，就会迸发出难以匹敌的力量。

日本百年企业的员工多是雇佣终身制，企业命运和员工命运休戚相关，员工有强烈的归属感和安全感，企业内部更加和谐，员工和企业是命运共同体，同甘共苦。同时，企业重视人才的培养，调动员工积极性，鼓励员工各抒己见，使得领导的决策和员工的执行相辅相成，快速开展工作，企业得以稳定发展。只有让个人的成长与企业发展同步，和企业一起成长，才有更大的机遇和舞台实现自己的价值。

3. 信定领导

马云曾说，要相信“相信”的力量，因为相信而看见。在企业工作，我们不仅要有相信自己的力量，更要有相信领导的力量。我在创业之前，只是一名普通的工人，我们组的领导始终就像我的家长一样。只是，后来我发现即便是家长也有犯错的时候，他似乎并不像我想象中得那样完美。可换位思考一下，我们只是执行工作，而领导他每天考虑的是全局。慢慢地，我学会了相信，既然选择了和领导共事，就要用心做事，用心感受，而不是道听途说。

我在成立企业后，用人理念一向是“用人不疑，疑人不用”。反之，从员工角度出发同样要给予领导同样的信任。理论上，一家有文化底蕴的公司向心力也很强，但即便是行业巨头也有发展瓶颈期，企业在困境中更需要员工的支持。当然，相信领导不代表盲目地追随，而是彼此理解、互助和信任，为了维护好企业这个大家庭而共同努力。

4. 塑定团队

“塑”即塑造团队，一个人的能力有限，若没有团队精神就难以有所作为；一个企业若没有团队精神将会一盘散沙；一个民族若没有团队精神就难以强大。企业大家庭是一个整体，家庭和美他人才会愿意与你合作，团队作为其中的分支，团结一致才能绽放更多美丽光彩。但塑造团队不是管理者一个人的事，而是需要团队所有人相互赋能。一家人要想和谐，一个团队要想团结，就要互相不计较，互帮互助。一个企业团队的凝聚力强、战斗力强，就要学会互相塑造，欣赏对方的优点，这样我们才能得到别人的尊重，才会让顾客相信自己、相信团队、相信企业。

5. 渲定业绩

人才不只靠培养，人才更是选拔出来的，但在选出来后要制定一条不可逾越的高压线，同时也要个人努力才行，基于此再结合恰到好处的宣传，被更多人认可。企业也是一样，要想被更多人认知，不仅要做出一番业绩。顾客是否在你店里养成了习惯，是否每一天同一时间到你店里，是否知道公司不可逾越的事和公司最权威的人和事，适当的宣传也很关键。确定宣传的细节，以确保每位华亚人都能出彩、出成绩、出成果。

除了“五定”，华亚众盟的核心竞争力还包括“华亚人五超能力”。以下五大能力构成了员工所掌握的工作技术和能力，以确保员工能够胜任其所在的岗位：

1. 超强的行动力

我在创业初期，读过一本书叫《把信送给加西亚》，对我启发很大。在当今社会上，很多人工作做得不好，往往不是因为缺乏能力，而是缺乏一种精神——一种忠于上级领导的托付、立刻采取行动、全力以赴去完成的精神。在企业发展最艰难的那段时间里，就是“立刻行动”这个信念一直支撑着我前进：不找任何借口，我必须绝对信任我的顾客和员工，我不会受任何负面影响，除了执行，没有借口！

后来，企业发展的队伍越来越壮大，形形色色的员工我见过不少。我发现，缺乏行动力是多数人的通病。有的人总是在观望与等待中，确认没有任何风险后再去行动，这样做事的人虽然基本不会惹大麻烦，但也难以有大作为；有的人行动力很快，但却因身边的人说了很多负面的消息而被左右住，听风就是雨过后反而不敢贸然前往了。这样做事的人虽然有一定行动力，但却容易半途而废。有的人总是把重要的人和事放在首要位置，每当公司下达任务，不问缘由直接执行。这种有超强行动力的人不只能迅速把自己的工作做好，只要不违背法律与道德，一旦身边的同事需要帮助，他就会第一时间去支援。

当然，超强的执行力不是有了决心和目标就能做到。通常输出一项能力是伴随挑战的。人都有惰性，都喜欢待在舒适区，挑战自我的过程肯定不舒服。德国心理学家加布里埃尔在《反惰性》一书中表明，当我们对某件事情的期望值越高，那么相应的行动力也会越大，这就需要通过前面的“华亚人五定”在工作中找到本我，超越自我，不断提升对生活、工作、事业的期待值。

2. 超速的反应力

有些人什么都好，工作也挑不出大毛病，但就是什么都赶不上，因为他做事永远比别人慢半拍。要知道，即使我们不慢都未必有别人做得好，所以一旦养成“慢吞吞”的习惯，时间久了能力也会比那些反应快速的人差了一大截。丛林法则告诉我们，适者生存、弱肉强食是大自然的法则，在服务工作中，如果我们每次都“差一点”“慢半拍”，顾客在遇到问题时也许一次两次会耐心等你反应，超过三次顾客就会转头去找比你更专业的人。因此，唯有具备超速的反应力，我们在遇到紧急突发事件时才有兵来将挡，水来土掩的魄力，才能在服务工作中，有事不怕事、遇事解决事、好事变坏事。

3. 超越的主动性

在服务工作中，只懂得一味地工作是远远不够的，还要有服务的意愿，也就是发挥主观能动性，而不是被人推着走。做任何事情都积极主动的人，眼中永远有活，从来不让自己闲下来，并能积极主动帮助其他人；对待上级领导分配的任务，不用任何人提醒，而且永远比别人快一步，并且做的结果基本会比预计的还要好。每天等着别人安排、推一下动一下的人永远不会成功。这也是我在服务顾客十几年后，依然每天都在提醒自己的，我们只有不是为了做事情而做的时候，才能真正获得成长！

4. 超足的储备资源

资源储备，是指个人、企业和政府为应付自然资源可能的供给时滞和升值，对资源采取一定规模的储存行为。只有充足的资源储备，才能保证未来的生活、生产和社会正常运转。对每个华亚人来说，我们都希望自己所在的企业成长为百年企业，那么我们必须从现在开始就要有对百年企业品牌认知的准备，共同努力维护好华亚众盟这个品牌，确保企业永续经营。

5. 超然的大爱之心

什么是大爱？这个概念本身比较宽泛。古人说：“滴水之恩，须当涌泉相报。”如此说来，大爱是一种生活智慧，也是一种处世哲学，更是中华民族的传统美德。人类之所以有大爱，从生存的智慧来讲是为了互相帮助，人类才活得更好，最终成长为万物之灵。做服务业的人同样要心怀超然的大爱之心，类似“德要配位”“吃亏是福”“无私奉献”这样的爱人之心是我每天都提醒自己和身边事业伙伴的警世恒言。华亚人更是以爱家人、爱企业、爱领导、爱同事、爱客户为“华亚五爱”。说一千道一万，实际上大爱就是对任何事物都存有爱意，这是一种博爱人生境界，唯有大爱之心，才能成就百年企业的底蕴。

美国经济研究局调查表明：近20年，欧美国家的多数头等奖获得者均在五年内因挥霍无度，而变得贫困潦倒。美国彩票中奖者的破产率高达75%，英国有44%的大奖获得者会在5年内花掉所有奖金。这种情况和那些凭借风口发展起来的企业一样，机缘巧合下的成功就像中了大奖，但由于企业动力不足，没有核心竞争力，人心涣散最终也会走向困局。

一个懂得经营、有自己的商道逻辑的企业家，即便账上有充裕的现金流，前路一片光明也不会像中了头奖的得主一样无度挥霍。而是用获得的收入重新梳理企业的发展方向，打造核心竞争力。这样的企业未来才有可能开启全新的发展旅程，这样的企业未来才会有无限可能。

今天我们在讨论“服务精神”的时候，其实是在讨论一种实实在在的思维方式、商业逻辑和运营的方向。但无论最终的方法如何变革，当越来越多的人开始盯着互联网思维、共享经济的时候，我们更需要从“服务精神”的本质出发，把平凡的事持续做好就是不凡，在这个视角的基础上再去探索更多的变革，才能避免在未来更多的转型升级的浪潮中，被突如其来的浪拍在沙滩上。

时间的流逝，无法阻挡成功的步伐；未经历坎坷泥泞的艰难，哪能知道阳光大道的可贵；未经历风雪交加的黑夜，哪能体会风和日丽的温暖；未经历挫折与磨难的考验，怎能体会到胜利与成功的喜悦。万事初心不变，铸就成功只是时间问题。

第八章

化危为机：志做百年企业，服务健康中国

2016 年 10 月 25 日，中共中央、国务院发行并实施《健康中国 2030 规划纲要》，中共中央政治局将其列为今后 15 年推进健康中国建设的行动纲领，该政策的推行进一步证明了健康是经济发展的基础条件，是社会全面发展的必然要求。

华亚众盟积极响应国家号召，明确把“专注大健康产业，关注民族和未来”作为企业的发展目标，坚持把做百年企业，服务健康中国作为核心发展战略，推动养老事业在大健康领域中的发展。

如今大健康产业在技术创新和产业升级等方面有很大的后发优势，未来智能化和数字化也会在大健康领域发挥积极作用。这对华亚众盟来说是一个全新的起点，未来我们将和众多民族品牌与企业站在同一赛道，助力内循环发展，用高质量发展推动中国经济良性、健康、有序增长，为中国社会经济的发展贡献力量！

8.1 我理解的企业家精神：野心深处是家国情怀

企业家是社会财富的创造者，更应对社会、民族和国家怀有崇高使命感与强烈的情感。任何企业都不是天生的巨头，而是在激烈的市场竞争中摸爬滚打，靠企业家发展的野心一路披荆斩棘走过来的。

雷军40岁创办小米，柳传志40岁开始创业，虽然他们的发展方向和领域各不相同，但他们的创业存在一个共性，就是情怀与野心并存。每个企业家成功的背后都有历经艰险的故事，他们无论是面对失败、挫折和风险都依旧保持积极向上的斗志和野心，最根本的动力在于对祖国深沉的爱，胸膛中那颗跳动着的赤子之心。

回首过往，中国优秀的企业家们始终把振兴中华，实现中华民族伟大复兴视为企业发展的价值主线。中国的老一辈企业家们大多是从最基层一步步走上来的，对企业的发展感触颇多。他们认为企业在创造财富的同时，更应该积极创造高效益、高水平、高质量的发展，让员工、人民感到幸福和安全。财富越多，发展越快，企业就要承担更多的社会责任，积极做公益，更好地回馈社会和国家。

很多人都梦想着成为一个有钱、有地位、受万人敬仰的企业家，但是却怀揣着一颗走捷径、投机取巧的心。而那些真正有大格局、有梦想的企业家他们有与之身份、地位相符的能力和情怀，让我钦佩。

据正和岛研究院调查的数据显示，近三年民营企业最关注的问题是成本提高、税费负担加重和融资难。如今，中国经济发展进入结构调整和转型的新阶段，以市场改革为突破口符合国际环境，也是大势所趋。企业发展离不开企业家，中国企业家野心越大，才会引领越多的民营企业崛起，走向国际。

真正的企业家精神应该是野心与情怀并存

创业之路布满荆棘，企业家无论是在企业经营上还是管理上都会面临很多问题和困惑，但无论是面对什么困难，一个真正的创业者都离不开“野心”和“情怀”的支撑。

第一，野心。

从商业角度看，商业的本质就是“做买卖”，做出一个人们愿意花钱购买的产品（或服务），并且能够获取市场，成批出售。

在商界，伊隆·马斯克（Elon Musk）是一个如雷贯耳的名字，他有很多头衔，例如，特斯拉和 SpaceX 的首席执行官、PayPal 的联合创始人等。他有非比寻常的思维和行为方式，这让他的商业帝国延伸进很多重要行业，充分体现了一个企业家的“野心”。

迪安·斯曼特（Dean Smart）是美国加利福尼亚大学的心理学家，他研究发现“野心”是推动企业发展的强大动力，一个拥有更大“野心”的企业才会获取更多资源，创造更大的价值。野心越大，目标越高，企业越能激发自身的潜能，发展壮大。“野心”不仅可以改变一个人，还是改变企业命运的巨大推手。没有“野心”的企业就没有前进的动力，安于现状的态度最终会导致企业在激烈的市场竞争中被淘汰。

第二，情怀。

创业是一条漫长的路，我们在这条路上艰难前行，而情怀是支撑我们克服困难最本质的东西，情怀驱动着我们以自己内心坚持的价值观为导向，尽可能正确地选择方向，用更高的眼界和格局制定战略计划。当我们把眼光放长远，多考虑一些精神层面和未来的事情时，就不会纠结于眼前的利益，在乎一时得失。无论是扎克伯格还是乔布斯，他们都满腹情怀最终成就了伟大的企业。如果只考虑自己，只想现在，只考虑金钱，很难想象企业最后如何存活。

当然，也有很多人认为，情怀不能当饭吃。的确，如果仅凭一腔热血就能成就一番事业，世界上就不会有那么多的失败者。企业家除了要有情怀，更要懂管理、知发展、有野心等其他要素的加持。

这个时代是伟大的，也是机遇与挑战并存的，我们原本就是历经狂风暴雨的铁树，不会被轻易击垮。历经困苦磨炼意志，企业家们不断提升自己，也许几年过去我们也会变成参天大树，成就自己，为社会贡献力量。

我们可以抽象地总结企业家精神，但每个企业家的奋斗史是不同的。很多创业者都在学习所谓的企业家精神，我也不例外，但学习企业家精神不意味着本本主义，照搬照抄别人的路，而是要汲取他人的经验和教训，找到最适合自己发展的路，创造属于自己的精神。对我来说最大的收获就是，当我面临接踵而至的困难时会坚持到底，最终形成一种企业家的创业精神。

如今，“虚拟经济”越来越多，幻象重生，对中国经济来讲，实体经济仍旧是最重要的支撑。于企业家而言，能够卖出东西算是一种成功。但是，我们拥有什么东西，又能为这个社会、这个世界创造什么东西，那种自豪感和底气才是铸就百年企业最坚实的力量。与业绩、产品战略布局相比较，我更愿用企业家的格局、企业的未来去布局，这是一种野心深处的情怀。只不过，这种情怀不只属于我一个人，而是所有大健康行业的从业者应有的家国情怀。

8.2 生命底线思维：让企业走得更远、更久、更稳健

在创作本书期间，正值2021年新年伊始，很多企业开始进行2020年战略回顾，并对2021年开始战略规划。我也和很多业内的伙伴进行了相关讨论。很多企业当前状况与以往相比有明显区别，经济增长脚步放缓，宏观风险增加，企业的战略思想因自身经营压力大而不断调整。最大不同是很多企业已经习惯了高速增长的状态，如今各种不确定性接踵而来，企业经营风险被无限放大。

朋友的企业，在新能源电动汽车软件开发与集成方面小有所成。虽然企业经过了多年的沉淀和积累，但随着中国汽车行业销售迅速冷却，这位朋友还是陷入了迷茫。他在继续加大投入电动汽车领域，还是退回到智能开发领域这两个发展方向上举棋不定。

这位朋友问我的意见，我的建议是后者。因为从风险和机遇对比来看，现在的政策、贸易和市场环境均不乐观，其风险已经高过前几年，在市场高度不确定的大环境下还要继续投入属于高风险行为，虽然赌一把也许会收益巨大，但面临的风险恐怕也是企业难以承受的。若投入的资金不能产生稳定且持续的收入，企业极有可能破产。但转回到智能软件开发领域，至少在未来几年固守这个业务，企业还能稳健发展，至少不会面临根本性的经营风险。

随后，我一直在思考，与其选择未来高风险和高度不确定性的发展战略，莫不如回归底线思维，即立于不败，而不是顽固地坚持过去

我们习以为常的“高速增长”，也就是顶线思维。毕竟，只有守住了生命的底线，其他的增量发展才有合理存在的意义和价值。

守住企业百年传承的生命底线

我们看到很多中小企业，有优质的产品，无论是生产还是营销都尽力做到最好，但效果却差强人意。没有品牌就得不到市场，即使是同品质商品，市场更青睐那些有品牌效应的企业生产的产品。为了占领市场，中国很多的中小企业在无声中变成了国际知名品牌的代工厂。还有一些企业业务拓展渠道不畅，乘上电子商务的快车后却花了很多钱去招策划、文案、美工、客服等，前后没少折腾，最后一算反而赔钱更多，众多企业铩羽而归。这样的企业往往把重心全都放在了产品上，只想着卖出产品，却没意识到我们还需要更多的服务，这也是经营企业缺乏底线思维的一种体现。

经营企业的底线思维能力，就是要设定一个最低的目标，立足最低点争取最大期望值，这是一种积极向上的思维能力。**习近平总书记指出，要善于运用底线思维的方法，凡事从坏处准备，争取最好的结果，这样才能有备无患、遇事不慌，牢牢把握主动权。底线思维是一种科学的思维方法，它符合经济社会转型的发展规律，强调从坏处着手谋划工作，避开被动局面，掌握主动权。**

在运用“底线思维”时一定要明确问题的“底”究竟是什么，要权衡出一个明确的界线，它无非就是“再糟糕也不过如此”的最坏结果。退一步说，所谓“草鞋无样，边打边像”，这种“底”还是能够接受的，这就是在执行中的“保底”方案，尽最大的努力让事情向好的方向发展。

我在经营企业的过程中养成了一种思维习惯，就是宁可把形势与挑战看得更严峻些，而不是死守底线碌碌无为。做事要做最坏的打算，但行事谋最好的局，要“思”与“行”相互配合。“思”是要思考什么是底线、企业的底线在哪里，底线在实体系统布局中的战略地位是什么，越过底线的最大危害是什么，如何有效避开底线，什么原因会导致超越底线等问题。“行”则是要从底线出发，稳扎稳打，在战略利益得到保障的前提下无限接近顶线，让利益最大化。对大健康行业的企业来说，就是要始终把顾客放在首位，满足不断提高的顾客需求，企业的发展之路才会走得更稳、更远。

上述所讲内容其实是底线思维的第一层含义，我在经营企业这么多年后悟出了它的第二层含义——“边界感”。也就是企业家要有所为有所不为。企业发展必须恪守此道，深谙此规律才会走得更远、更久、更稳健。

现在再回过头思考开篇的问题，企业如何才能立于不败之地，实现可持续发展？我认为企业要坚持企业盈利、社会责任、环境责任这三重底线统一的原则，而不是一味地守着其中一个底线。

这两年我最大的感触是，当我们不把盈利作为经营企业的唯一出发点时，它反而成了水到渠成的事情。相反，忽略社会和环境责任，满眼的利益至上，企业很可能走向社会的对立面，最终陷入无本之木、无水之源的困境，难以做大做强。

说到企业的社会责任，不单是指慈善事业和捐赠，它还包括了遵守法律，善待员工，提供优质产品和服务，满足不同的社会需求等。

其实，企业的社会责任也包含了环境责任，但之所以把环境责任作为单选项加以强调，是因为我们深刻体会到环境越来越脆弱，对人类的危害是致命的。没有良好的环境，任何大健康行业的产品都是低效、低质输出，没有对资源节约和循环使用的意识，别说是企业生存难，总有一天，人类也寸步难行。

企业盈利、社会责任和环境责任是企业的立命之本，是企业能够长青的根基。从这个角度来说，底线思维是企业“有守”和“有为”的辩证统一——企业要长久发展，既要有守，也要有为，这是企业经营中的重要思维取向。

如今，中国的市场、科技、环境、经济每天都在发生变化，企业发展呈两种倾向。一是躲避风险，怕出现问题，就消极保守改革，谨小慎微度日，墨守成规。这种不敢作为的思想是经营企业中最大的风险，最终企业也会因突破底线而一蹶不振。二是冲动冒进，随意转型、莽撞变革、盲目投资，没有缜密科学的思绪，最终企业也会因突破底线而满盘皆输。

综上所述不难发现，底线思维的核心就是要精准分析最坏情形，并对未来有充分的预见和准备。通俗地说，就是要看到最坏的结果，解决最难的问题，争取最大的好处。该守住的底线要坚守，该抵制的诱惑要拒绝，该作为的时候要担当。这样的企业才能永葆活力，走得长远。

近几年，我国领导人曾多次在重要会议上指出，世界正处于百年未有之大变局。作为企业家，要深刻认识国内外环境变化下的新特征、新矛盾、新要求和新挑战。而无论是企业还是世界各国，要想应对这百年未有之大变局，都不是朝夕之事。对于那些坚定信念要做一家百年企业的人来说，这样的背景或许是个契机，让我们得以沉下心来，整理过去，修炼“内功”。从模仿式创新走向高质量发展的道路，这种“工匠思维”正是企业百年传承的基石。

仲妈陪伴心语

“大学之道，在明明德，在亲民，在止于至善。知止而后有定，定而后能静，静而后能安，安而后能虑，虑而后能得。”《大学》中的这段话值得所有企业家揣摩其中的深意并剖析学习。起初我认为这里的“止”就是让人停下来，但我也疑问，事情总是要做，人怎么能停下呢？后来看到“止”前面的“知”，我才恍然大悟。“知”应该指的是认知，而“止”说的就是边界。也就是知道有些事情有所为，有些事情不可为，然后按照责任和义务去做事，这就是企业家要坚守的底线思维。我们要学会判断企业的底线，是否不可逆转，又或者能否前功尽弃，会不会被颠覆？想明白这些，能够做到知行合一，这便是企业经营的智慧。

8.3 成为服务老人、陪伴老人最多的企业

近几年，随着互联网+的形态逐渐渗透到各行各业，越来越多的企业需要借助互联网+推进市场转型，挖掘用户等，大健康行业也不例外。很多企业都需要互联网+多维度重新定义大健康，重塑大健康管理模式。大健康的“天网”已然铺好，但“地网”还未形成。谁能在未来完美承接与老年朋友沟通的“最后一公里”，谁就可能成为下一个大健康行业的领路人，华亚众盟正在积极探索中。未来，华亚众盟的目标是要在全国开设5000家以上的线下门店，将承接线下服务与老年顾客的“最后一公里”。华亚众盟的使命就是打造全中国服务老人、陪伴老人最多的企业，我们要为提升老年生活幸福指数而努力。

众所周知，我国人口数量居世界首位，而本书开篇那些最新的公开数据也足以说明，我国正在从轻度老龄化社会迈向中度老龄化社会。前些年，巨大的人口红利曾为我国经济发展做出了不可磨灭的贡献。但随着时间流逝，我国老年人口逐渐增加，这在某种程度上势必会影响社会经济的发展。

拿养老来说，据我国民政部数据显示，30年前我国老年人口抚养比不足9%，目前已经增长到了17.8%。这代表大约每6位劳动人口赡养1位老人。

现实生活中很多人已经遇到了上述情况，例如，两个独生子女组成新的家庭，未来要照顾双方父母，也就是2个劳动力要赡养4位老人。暂且不考虑经济条件，单是时间就安排不过来。更何况现在年轻

人每天上班压力也很大。那么，从养老方面来看，老年人的养老金够不够维持自己的老年生活呢?

据我国财政部公开数据显示，2020年中央调剂基金预算共计7398.23亿元，较2019年的执行数增加1095.23亿元。所谓调剂，就是说养老金储备多的省份“支援”储备少的省份。例如，2020年北京、江苏、上海、浙江、广东、福建、山东等7个省市净贡献1766.96亿元。由此可见，确实有些地区养老金储备不充足，但我们不必为此过多忧心，国家会运用调剂等方法解决此类问题。

除了养老金问题，“延迟退休”成为热议话题。目前我国退休年龄是男性60岁，女性工人50岁，女性干部55岁。同其他国家相比，中国的退休年龄是非常早的，但随着老龄化问题严峻，“延迟退休”被多次提起。这也不难理解，如果按照原有退休年龄标准来执行，养老金储备压力巨大的同时，还会导致社会劳动力严重短缺，劳动力短缺势必会影响社会经济的发展。

在前面我们提到过世界上老龄化最严重的国家——日本，在日本，有很多岗位都是由老年人来承担，还有很多民营企业家表示会根据员工身心健康程度和工作状态，延长退休年龄至70岁甚至80岁。在我们看来这是一件难以想象的事情，以前我们会笑谈某人工作了“大半辈子”，如今真的是奔着工作“一辈子”发展。当然，这也是政府的无奈之举，毕竟老龄化程度太高，没有充足的劳动力维系社会经济正常运行。

就目前中国老龄化现象来看，延迟退休是大势所趋，仍有很多问题急需解决。例如养老、医疗配套设施不完善等。在推进健康中国方面，尽管我和我的企业如沧海一粟，只是其中一个渺小的个体，但众人拾柴火焰高，我希望能与行业里更多优秀的企业家一起，为国家的养老难题分忧，并出一份力。

行业发展需要新动能和新思路，中医药、消费升级、互联网+、老龄化等要素正在激发企业不断创新。

具体到大健康领域，首先，随着国家出台多项政策，鼓励各地建立多元化养老体系，支持民间资本进驻养老市场，加强老年人慢病管理、医药和预防保健与养老融合发展。这些政策利好老年人预防保健、健康管理与养老融合发展。

其次，互联网技术发展推动行业创新。**在新动能推力下，行业进入快速增长期，华亚众盟也将在推进健康中国的大背景下，顺势而为，抓住机遇。以创新为导向，运用科技的力量，专注高质量产品的智能制造与研发，做好消费者终端业务，致力于服务中国家庭中的每一位老人，成为中国服务老人、陪伴老人最多的企业。**

然而，我深知，愿景不是一件披着空想的外衣。马云在一次参加南非投资峰会谈起梦想时说："最重要的不是拥有梦想，而是把梦变成现实！"

你我皆凡人，几乎没有人与生俱来就有崇高的思想和企业家的人格，只有依靠自己的意志去学习、去改变，去创造，付出不亚于任何人的努力，才能不断提升心性、磨炼意志，在嬗变中转型升级，和华亚人携手前行！

仲妈陪伴心语

写这本书其实是我对之前工作的一次总结，同时也是一个新的起点，我们有更远大的目标要实现，还有更远的路要走。回顾过去，我深感荣幸，感恩员工的同舟共济，感恩顾客的理解支持。没有不可企及的高度，没有无法实现的梦想，未来就在我们手中！经过过去十几年的沉淀，华亚众盟早已蓄势待发。在未来，我们将全面推动居家养老服务，不断升级“陪伴式服务”模式，致力于打造中国最大的社区养老服务机构，积极与国外市场对接，推动企业发展，让优秀员工实现自己的事业梦想，让贵宾用户过上高品质的生活，让更多老年朋友在华盟实现“老有所依，老有所为，老有所乐”！

8.4　爱是永无止境，做一家能百年传承的企业

我身边不乏一些做企业的朋友，我问他们企业经营的目的是什么？大部分朋友告诉我：企业属于全体股东，经营的目的就是让股东利益最大化。在这种理念下，员工就是生产要素，企业就好比一台赚钱的机器，是为股东利益服务。

我很喜欢查尔斯·汉迪（Charles Handy）的经典代表作《空雨衣》，书中阐述了一个观点：**追求利润只是企业存活的手段，而不是目的**。这和我们说的吃饭是为了活着，但活着不是为了吃饭是一个道理。查尔斯·汉迪认为，“基业长青”是企业存在的根本目的，每个企业都有自己的愿景和发展方向——是想继续存在，还是更好地存在，又或者能够永续经营。每个企业家都想做“百年企业”，阿里巴巴提出“做一家102年的公司”，其本质就是想要让企业持久存续。但想要做“百年企业”又谈何容易，需要跨过无数障碍，突破无数关隘。以下任何一项都可能导致企业夭折。

第一，内部管理不当。

企业的发展要靠程序、规则来管理，其组织架构和管理方法要跟随企业发展的不同阶段适时调整。

第二，技术不具创新。

企业要与时俱进，就要不断创新，更新技术增强自己的核心竞争力。避免赢得了竞争，输给了时代，最终还是难逃淘汰的命运。

第三，文化不能传承。

这里的文化包括品牌文化与企业文化两种。企业靠制度短期运营，但想要发展就要靠品牌，要想做到基业长青更要深挖文化的力量。创建文化是一个系统的长期工程，从提炼文化内涵到文化行为落地，都需要精心安排与实施。

如果我们将企业放在百年的时间维度里，企业进入低谷直至消失的概率还是很大的。因此，比尔·盖茨总是说微软还有18个月就会破产，任正非认为，百年企业难做，华为倒下只是早晚的事。

话虽如此，但仍有很多企业做到了百年传承。

为企业镌刻上“百年传承”的基因

国外有调查研究机构专门对百年企业进行详细研究，并和同行业破产企业进行横向对比，分析出百年企业具有如下特征：

第一，以人为本。

中国古语有云：“国以人兴，政以才治。”这一点我已经在前文详细阐述，最后补充一点，百年企业都注重人才培养，每一代管理者都要践行以人为本的理念，重视员工在企业永续经营中的作用。

第二，迅速的反应能力。

市场经济本就是物竞天择，适者生存，优胜劣汰是普遍现象。企业想要在变化的市场中保持核心竞争力，就要根据市场环境的改变随机应变，做到因地制宜、因时制宜，动态调整战略计划。

第三，科学灵活的内部管理机制。

所谓科学灵活的管理机制，是指管理者善于广纳意见，能根据业务发展的不同阶段创建相应的管理机制，积极鼓励员工。

第四，坚持科学的财务运行政策。

百年企业在财务管理中通常都能做到科学、有效投资，从不随意投资，冒风险也会全面考虑后果，秉承财务不透支原则，保证现金流畅通，毕竟现金流是决定企业生死存亡的关键。

了解了百年企业与普通企业的区别，我们也就明白了打造百年企业应该从哪里入手，最关键和基础的环节有哪些。除去企业无法控制的自然灾害、战争等外部因素，我们能做到的且最根本的问题，才是成就百年企业的支撑点。

用爱守护初心，服务健康中国

近几年，中国的企业家亲眼见证了工业时代到互联网时代的变迁，再到今天数字化时代席卷而来。大家似乎还没有适应这么快的变化，感觉很焦躁。五年前，我们拥抱互联网经济，夸夸其谈共享经济，如今却看到越来越多的企业从成立到消亡，还没有尝到过辉煌的喜悦就悄无声息地走向了落寞。

如今，我们的商业逻辑在变，管理核心由达成绩效到不断创新，再到管控与赋能，我开始静心思考，究竟什么才是企业经营变化中的“不变”，如何抓住这个“不变”，在企业经营过程中要守住的“初心”究竟义是什么。

带领华亚众盟走到这里，很多人问我：接下来华亚的下一个十年你还要做什么？我的回答很干脆：**“做一家对得起良心的企业，做一个朴素豁达的人。我只想用我毕生的力量，在这个行业里做一家有价值的大健康企业，服务健康中国！”**

带着这份初心，华亚众盟还将继续提升企业战略高度，加速开拓符合自身条件的发展模式，打造高品质的产品和服务，为更多人的健康生活砥砺前行。**华亚众盟追求的是社会的健康可持续发展，是做一家有良心的企业，是让中国的大健康行业因为自己的努力变得更好，用实际行动推动中国健康产业的发展，促进我国健康产业升级转型。**做不到这一点，所有的目标和愿景都是空中楼阁。但心愿总是美好，我们却常常忘了现实的残酷。唯有从心出发，用爱经营企业，宣传健康管理、预防保健等知识，增强社会责任感，守护住老人的健康，才能让企业长久发展。我理解的爱可以归结为如下几点：

第一，爱是初心不忘。

我们在大健康行业的土壤里播下爱的种子，从传统行业中汲取养分，从创业之初到现在始终坚持以孝爱之心对待每一位客户。未来，我们将继续怀揣着对行业的热爱，坚持“孝悌为本，仁爱当先”，一路执着，努力前行。

第二，爱是坚持不懈。

我常说吃亏是福，生活中总有一些让我们忽略的小美好值得我们坚守与付出。华亚众盟从最初的2名员工到现在的2000多名员工，我们始终坚持为天下老人端好每一盆泡脚水。我相信，把平凡的事坚持做好就变成了不平凡，正如因为我们十几年如一日的坚持才成就了如今的华亚众盟。

第三，爱是一种力量。

为了见识外面的世界，我远赴国外去游学，不断吸收健康养生知识，锤炼自己的意志和能力，从多角度重新认知这个行业。每天辗转在陌生的城市，日出日落之间让我感受到人情的力量，在我需要帮助的时候总会有人伸出温暖的手让我重整行囊，蓄势待发。我在追求专业的健康生活方式的同时感受到了人心的温暖，让每个中国老人都拥有健康的生活方式，这个愿望在我脑海中愈演愈烈。

第四，爱是传递温暖。

我一直认为女性就应该像水一样，以柔克刚。首先我要起到表率作用，带头用真心和实际行动感染每一位员工，当员工被我的爱包围，才会更加设身处地地为家人、老人着想。中国有句老话叫“老吾老以及人之老”，我们要沉淀内心，找到真正的自己，像对待自己的父母一样，给老人送去健康，并发自内心地关爱他们，始终坚持用积极的心态向社会输出正能量。

第五，爱是心中使命。

不忘初心，方得始终，十余载初心坚守，酸甜苦辣，别有一番滋味在心头。

我们华亚人始终把老人的需求放在首位，这一刻，我的使命感和责任感油然而生。我始终坚信，唯有全身心地付出、关爱老人，才能在大健康行业走得更久更远。

第六，爱是永无止境。

爱是薪火相传。我们将继续专注大健康行业，致力于让每位老人都得以颐养天年，让华亚众盟的事业百年传承，以爱心温暖生命，用行动传递火种，用爱铸造大健康行业的未来。

人生是从找到本我、自我与超我，通向达己达人的更高境界，最终实现打造百年企业的旅程。在这场没有终点的旅程中，我们若能在经历了尝试、困境、危机、变革、淘汰后还能不忘初心，那么这份勇气与坚守就是缔造百年企业的必经之路。

责任如山，勇于担当，是一种态度，更是一种决心。华亚人将积极投身于发展“百年华亚”的事业中，用自己的努力为华亚众盟打造“家门口的家”养老服务平台添砖加瓦。过去的十六年，已载入华亚众盟光辉的史册，“四五”规划新征程已开启，华亚人满怀豪情，披荆斩棘、勇往直前，心将创造更加璀璨的明天！聚梦成帆，闪耀未来！

仲妈陪伴心语

每当夜不能寐的时候，我总能回忆起小时候的场景，放学回家，妈妈已做好香喷喷的饭菜，长大后在外打拼，也总能接到爸爸的电话，叮嘱我再忙也要注意身体，累了就回家歇歇。

俗话说“养儿一百岁，长忧九十九”，因为父母那满满的爱，即使我们身处困境也能充满力量。作为子女，我也时常告诫自己，一定努力奋斗，把最好的都给父母。在健康领域求知探索多年，从最初的工作到创业，到如今转型升级，我的心变得越来越柔软。深知陪伴不易，我更要把陪伴式的服务继续做下去，做到完美、极致。在这个过程中，时刻把老人的健康放在心头，更把我的小家和企业之家、国之大家放心头。

尾声

爱的陪伴是没有终点的旅程

伴随着盛夏的到来，虽然本书艰辛的创作过程结束了，但人生是场没有终点的旅程，只要我们的生命依然健在，便会始终“在路上”。而在这场没有终点的旅程中，我们会遇到形形色色的人，有的人与我们结伴而行，更多的人是与我们擦肩而过。当我们身边的人渐渐老去，最终几乎没有一个人能够与我们一路同行陪伴到我们生命的终点。在此之前，唯有珍惜。我们每个人都是路上的修行者，在不断的行走中，看尽花开花谢。而我们看到的世界也不再只是眼前的表象，而是从遇事先辨是非到诸事先想因果，这样才能越来越接近事物的本质。

回望创业的十六年，不如意的事总比如意的多，但我依然要感谢不断的失败与挫折，我的心性一次又一次地被磨砺，这让我懂得了心生敬畏与大爱。很多人问我：“世间如此险恶，创业如此不易，您就不怕吃亏吗？”

我永远记得我父亲教我的两句话：

第一，吃亏是福

我个人非常喜欢《菜根谭》中的一句话："不求非分之福，不贪无故之获。"也就是说，不要去享受超越了你自己应得的福分，更不要幻想不劳而获。所谓天下没有免费的午餐，在商界里，更没有人是傻子。不是我们自己应得的福报，无缘无故得到了，不是上天对我们的考验，便可能是诱惑与危机并存的陷阱。自古以来都是福祸相倚，看似是好事却可能带来灾难。因此，父亲的这句话让我明白一个最浅显易懂却是常人最难做到的事情——千万不要认为自己聪明，永远不要去占任何人的便宜。那些总是想着占便宜的人，自以为很聪明，实则日后难免吃大亏。相反，只有愿意吃亏的人后面才会有大福报，因为我更相信一分耕耘一分收获，所有曾失去的都会因我的努力而以另一种形式归来。正如《菜根谭》中所说，"世事亏乃福，人情淡始长"。钱债好还，人情难偿。你得到了一时的蝇头小利，失去的却是人心。

第二，人在做，天在看。

曾子曾说过："人而好善，福虽未至，祸其远矣。"父亲教导我的这句话其实也体现了因果循环的道理。后来我开始创业，更是深刻体会到了，企业家做人做事的原则归结起来，其实就两个字——善良。善良的人即便吃亏上当，即便也会黯然流泪，但因为善良这种美德，她才会在做人做事时，坚守自己的底线和原则，让企业赚的每一分钱都是干干净净、无愧于心的。孔子说"德不配位，必有灾殃"，凡事皆因果，经营企业一定要对得起自己的良心，否则任何人都要为自己所做的事情买单。

德配位，善当道，因果渡今生！要做就做一名永远都受人尊重的企业家。

在创业的道路上，父亲这两句话时刻提醒着我，我打造的企业不是一定要做得有多大，而是一定要对得起自己的良心，成为最受人尊敬的企业，这便是我创作本书的初衷。正如我开篇所讲，大健康行业是和人类生命健康相关联的一个行业，企业承担起社会责任就显得格外重要。而现在，我国的大健康产业还处于结构调整和转型过程中，大健康行业充斥着打着大健康旗号却以其他暴利方式盈利的乱象，这对那些还处于行业转型阵痛中的中小企业而言是一个巨大的考验，而我有幸作为其中一名行业从业者，我要做的就是通过实实在在的服务让这个行业的口碑更透明，让我的企业活得更久，走得更远。

人心方寸，天心方丈。人心宽天地亦宽，修道的最高境界，便是天人合一。当然，我要走的路还有很远。我知道，想要成为大健康行业的领军者，绝不只是“以业绩论英雄”。受公公的影响，我开始积极参与到公益事业中；为了进一步验证爱的陪伴这一服务模式，我通过实践调研并拍了两部同名微电影《爱的陪伴》。这个成长的过程让我深受触动，感慨颇多，于是将这一路的笑与泪结集成书，与各位分享。

有家人给予的温暖，一路上爱的陪伴，是一件多么幸福的事。我们每个人都应该珍惜围绕在我们身边的爱的陪伴，我何其有幸有一个温暖的小家，也有华亚这个大家。未来，我将继续致力于为这个行业传递更多正能量，实实在在地为中老年朋友着想，服务健康中国。从现在开始，和更多人一起珍惜爱、守护爱，在爱的陪伴中一路向前，走向更幸福的未来！